自己紹介・メール・レシピ・観光ガイド

足立和彦
岩村和泉
林千宏
深川聡子
Chris Belouad
（クリス・ベルアド）

SURUGADAI-SHUPPANSHA

Illustrations: Eriko MAE
Design: 🌼die

■ 音声について ■

本書の音声を別売りでご用意しております．下記の方法でご購入ください．

● 音声ダウンロード
iTunes （オーディオブック）　　audiobook.jp
にて配信しております．タイトルで検索してください．

● MP3 CD-ROM　定価（本体 800 円＋税）　ISBN 978-4-411-10539-4
お近くの書店でご注文ください．
※収録されているファイルは，MP3 形式となっております．パソコンや，MP3 プレーヤーで再生してください．（CD プレーヤー及び DVD プレーヤーでは再生できません．）

まえがき ——Avant-propos——

　私たちは2011年に『プリュム・ア・ラ・マン！ ― 新・フランス語作文 ―』という教科書を出版しました．幸い，高校や大学でご使用くださった先生方から「使いやすい」，「実用的である」といった好意的なお言葉を寄せていただきました．そこでより多くの学習者にお使いいただけるよう，この教科書を土台としつつ全体の構成・内容を刷新し，一般書籍として作文練習問題集『即効（スグキク）！ フランス語作文』を作成しました．この本を手に取られた方に，「自分で文を作る」楽しさを実感していただければ嬉しく思います．

　本書は，フランス語を半年から1年程度学んだことがある方を読者に想定しています．「ある程度文法を学んだけれどまだうろ覚えだ」，あるいは「覚えたことを使って文を作りたいけれど，どうしていいかよく分からない」．フランス語学習の途上では，誰もがそうした壁にぶつかるものです．でも，心配することはありません！ 本書を使って勉強すれば，今よりも自由にフランス語を使うコツを身につけられるはずです．

　言うまでもなく，「文」を作るためには，骨組みとなる「文法」と，その骨に肉付けする「単語」の知識が不可欠です．本書では，初級文法を学習（復習）しながら，色々な単語を組み合わせて「文」を完成させる，という練習を繰り返し行っていきます．各課の最終目的は，複数の文から成る一つのまとまった「文章」を作ることです．自分や家族のことから，自分の住む町，料理の作り方，観光案内，過去の体験まで，自分が本当に伝えたいことをフランス語で言うにはどうしたらいいのか，文法や単語を少しずつ自分のものにしながら学んでいきましょう．

　この本で学習した成果を，皆さんがご自身の生活の中で発揮できる日が来ることを願っています．

2015年夏

著者一同

目次 ——Table des matières——

まえがき	3
登場人物紹介	8

Situation 0

Bienvenue !
ようこそ！ ——この本の使い方　　10

- フランス語力チェック！　　10
- この本で学べること　　11
- この本の構成　　11

Situation 1

Bonjour à tous !
みなさん，こんにちは！ ——自分と家族を紹介する　　14

- I. êtreの活用，性数の一致　　16
- II. avoirの活用，名詞の性数　　18
- III. 第1群規則動詞　　20
- IV. 不規則動詞 aller, venir　　22
- V. 不定冠詞，所有形容詞　　24
- VI. 否定文　　26
  - こまぎれ作文／場面で作文　　28

Situation 2

Venez visiter ma ville !
私の町を訪ねてください！ ——自分の町を紹介する　　32

- I. 定冠詞と不定冠詞　　34
- II. 前置詞と定冠詞の縮約　　36
- III. 代名動詞　　38
- IV. 命令文 (1)，第2群規則動詞　　40
- V. 非人称構文 (1)　　42
  - こまぎれ作文／場面で作文　　44

Situation 3

Une carte postale de Marseille
マルセイユからの絵葉書 ──過去の出来事を伝える ①　48

- Ⅰ. 近接過去　50
- Ⅱ. 複合過去 (1)　52
- Ⅲ. 複合過去 (2)　54
- Ⅳ. 代名動詞の複合過去　56
- Ⅴ. 複合過去の否定形　58
- Expressions & astuces　手紙・メールの定型表現 ①　60
  - こまぎれ作文／場面で作文　62

Situation 4

Une lettre à Charlotte
シャルロットへの手紙 ──過去の出来事を伝える ②　66

- Ⅰ. 半過去 (1)　68
- Ⅱ. 半過去 (2)　70
- Ⅲ. 複合過去と半過去の使い分け　72
- Ⅳ. 大過去　74
- Expressions & astuces　手紙・メールの定型表現 ②　76
  - こまぎれ作文／場面で作文　78

Intervalle 1
重文・複文　82

Situation 5

Je suis guide bénévole à Kamakura
鎌倉の観光ボランティアです ──たずねる　86

- Ⅰ. 疑問文　88
- Ⅱ. 指示形容詞・指示代名詞　90
- Ⅲ. 疑問形容詞・疑問代名詞 (1)　lequel　92
- Ⅳ. 疑問代名詞 (2)　qui, que　94
- Ⅴ. 疑問副詞　96
- Expressions & astuces　観光ガイドに役立つ会話例　98
  - こまぎれ作文／場面で作文　100

Situation 6

C'est le sport le plus populaire !
それが一番人気のスポーツです ──比較して紹介する　104

- Ⅰ. 形容詞・副詞の比較級　106

cinq　5

Ⅱ. 形容詞・副詞の最上級	108
Ⅲ. 数量の比較，比較表現	110
Ⅳ. 受け身表現：「〜される」	112
Expressions & astuces　紹介するときに役立つ表現	114
こまぎれ作文／場面で作文	116

Situation 7

Voici la recette du *ton-jiru* !
これが豚汁のレシピです ──レシピを紹介する　　　120

Ⅰ. 目的語人称代名詞	122
Ⅱ. 強勢形，命令文 (2)	124
Ⅲ. 使役動詞 faire	126
Ⅳ. 中性代名詞 (1) y	128
Expressions & astuces　台所と食卓にフランス語を！	130
こまぎれ作文／場面で作文	132

Situation 8

Si on allait voir le grand Bouddha ?
大仏を見に行きませんか？ ──観光情報を伝える　　　136

Ⅰ. 部分冠詞	138
Ⅱ. 非人称構文 (2)	140
Ⅲ. 中性代名詞 (2) en, le	142
Ⅳ. 前置詞（句）	144
Expressions & astuces　日本語からフランス語へ	146
こまぎれ作文／場面で作文	148

Intervalle 2　主語の選び方・動詞から名詞へ　　　152

Situation 9

Connais-tu les podcasts ?
ポッドキャストを知っていますか？ ──詳しく説明する　　　156

Ⅰ. 関係代名詞 (1) qui	158
Ⅱ. 関係代名詞 (2) que	160
Ⅲ. 理由を表す接続詞・表現	162
Ⅳ. 強調構文	164
Expressions & astuces　フランス語らしいフランス語へ	166
こまぎれ作文／場面で作文	168

Situation 10

Je vous souhaite un bon séjour !
よいご滞在を！——日本の習慣について助言する　　　　　　172

- Ⅰ. 単純未来　　　　　　　　　　　　　　　　　　　　　174
- Ⅱ. ジェロンディフ　　　　　　　　　　　　　　　　　　176
- Ⅲ. 過去分詞　　　　　　　　　　　　　　　　　　　　　178
- Ⅳ. 関係副詞 où　　　　　　　　　　　　　　　　　　　 180
- Expressions & astuces　忠告や助言をするときの表現　　 182
  - こまぎれ作文／場面で作文　　　　　　　　　　　　　184

Situation 11

Pourriez-vous me renseigner ?
教えていただけますか？——メールで願望を伝える　　　　188

- Ⅰ. 条件法 (1) 活用と反実仮想　　　　　　　　　　　　　190
- Ⅱ. 条件法 (2) 婉曲な表現　　　　　　　　　　　　　　　192
- Ⅲ. 条件法 (3) その他の用法　　　　　　　　　　　　　　194
- Ⅳ. 関係代名詞 (3) dont　　　　　　　　　　　　　　　　196
- Expressions & astuces　手紙・メールの定型表現 ③　　　 198
  - こまぎれ作文／場面で作文　　　　　　　　　　　　　200

Intervalle 3　接続法　　　　　　　　　　　　　　　　　204

Situation 12

Un an plus tard...
１年後 ——総復習　　　　　　　　　　　　　　　　　　 210

場面で作文　　　　　　　　　　　　　　　　　　　　　　212

索引　　　　　　　　　　　　　　　　　　　　　　　　　216

使える単語・熟語集

- ●国籍／家族／職業／職場／学校...p.15　●地理／建物／季節／天候...p.33　●郵便／旅行の日程...p.49　●過去を表す...p.67　●文化・芸術／ほめるときに使う形容詞...p.87　●趣味と習いごと／文化系の活動／スポーツ系の活動...p.105　●野菜／肉／魚介類／調味料／計量の単位／調理器具／調理...p.121　●交通手段／時間・お金／曜日...p.137　●情報関係の用語...p.157　●忠告・推薦／日本人の習慣...p.173　●留学・ワーキングホリデー／メールの件名によく使われる表現...p.189

sept　7

登場人物紹介

● **美山家のみなさん**（神奈川県鎌倉市在住）

> 仕事しながら勉強するって本当に大変．
> だけど，自由に意思疎通できたときの嬉しさは最高！

加奈
事務職員．大学で2年間学んだ後はフランス語から遠ざかるが，ヨーロッパ旅行をきっかけに勉強を再開．熱意を燃やす彼女が本書と出会い，さらなる飛躍を遂げる……！？

> 会話が好きでフランス語をやってるけど，やっぱり文法も勉強した方が言えることが広がるのかな．

直人
加奈の弟．文学部で西洋美術を学ぶ大学生．初のフランス旅行を前に今更ながら不安を感じ，しぶしぶ本書で勉強することに．

> 地元鎌倉の観光ガイドをフランス語でできるようになりたい！　でもどうやって作文したらいいのか…

直正
加奈と直人の父．動詞の活用はマスターした「活用大王」だが，いかんせん動詞だけでは文が作れず，本書に夢を託す．

> 「ワインエキスパート」の資格をとって，
> フランス人の友だちとワインの会を開きたいわ！

淳子
加奈と直人の母．会話では物怖じしない性格で人気者だが，綴りや意味の覚え間違いがやたらと多いため，本書が必要に．

孝典
加奈と直人の祖父．学生時代はフランス文化に親しむ．引退後，加奈の勧めでフランス語学習開始．趣味は釣りと映画鑑賞．

ジョニー
美山家の飼い犬．2歳．元気溌剌で食欲旺盛．

● 美山一家の先生

ポール (Paul)
大学でフランス語を教えるかたわら，L'école de Paul という語学教室を経営している．来日して7年，日本人女性と結婚して，1歳の娘がいる．

サブリナ (Sabrina)
フランス語教師．出身はマグレブ系．L'école de Paul で教えながら，パリの大学に提出する言語学の博士論文を準備中．仏・英・スペイン・アラビア・日本語に堪能！

● 美山一家の友人

シャルロット (Charlotte)
パリの大学3年生．マンガやアニメの影響で高校時代から日本語を学ぶ．半年間日本に留学し，その途中で美山家に2ヵ月間ホームステイをした．

アリス (Alice)
南仏モンプリエ在住．医学部の1年生．いつもニコニコしているチャーミングな女性．3課で旅行中の直人と出会うことに！？

neuf 9

Situation 0

Bienvenue !

ようこそ！──この本の使い方

まずは, あなたのフランス語力をチェック！

Kana: Bonjour !
Je m'appelle Kana MIYAMA.
Je suis japonaise.

☐ 綴りは読めますか？
☐ 意味は分かりますか？

Naoto: Alice est française.
Elle a vingt et un ans.
Elle est jolie !

☐ 動詞はどれですか？
☐ 時制は分かりますか？

Paul

Naomasa / Junko: Nous avons un fils et une fille.

☐ 男性名詞, 女性名詞（男性形・女性形）の区別はできますか？

Sabrina

Situation 0

● この本で学べること

　左のページのフランス語が読めて，チェックポイント全てに答えることができた方は，この本でフランス語力をさらに磨きましょう．この本で文法や単語を学べば，きっと自分の言いたいことをフランス語で伝えられるようになります！

　本書は，高校，大学，語学学校，あるいは独学でいくらかフランス語を勉強した人を対象としています．初級文法を復習しながら中級レベルに進み，「文を作る力」を身につけていくことを目指しています．

　本書は文法を扱っていますが，文法を習得すること自体を目的としてはいません．文法は最終目標ではなく，あなたの伝えたいことを伝えるための手段です．あなたが「文を作る」ことが，本書の到達点なのです．

● この本の構成

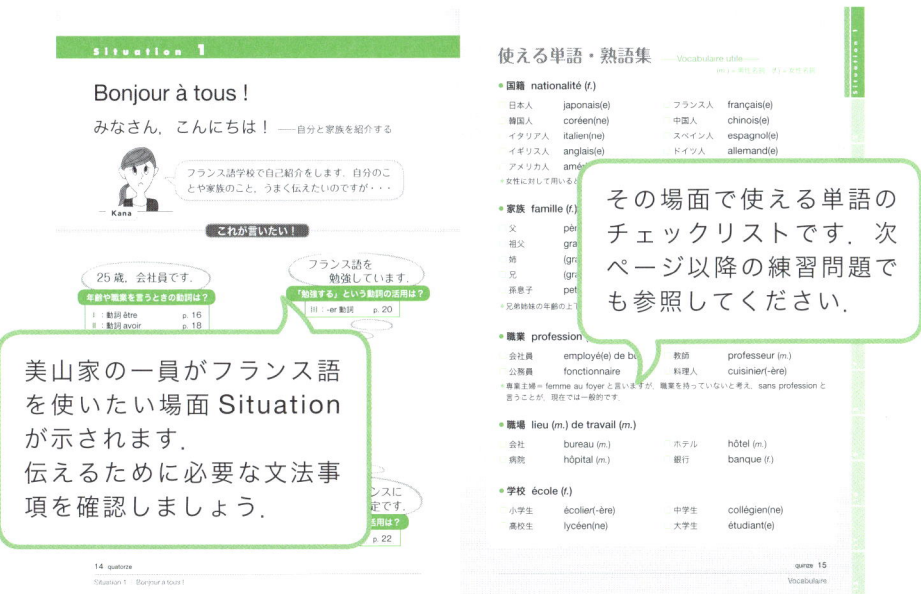

onze　11

この本で学べること／この本の構成

美山家の人々と一緒に文法事項を学びましょう．ポールとサブリナの解説もお見逃しなく！

練習問題でしっかり身につけましょう．間違えた問題は□にチェックしておこう．

1文ずつの作文です．Vocabulaire やこれまでの練習問題を思い出せば書けるはず．

ちょっと難しいときは，このヒントを読んで，もう1度考えてみよう．フランス語らしい表現にも注意してください．

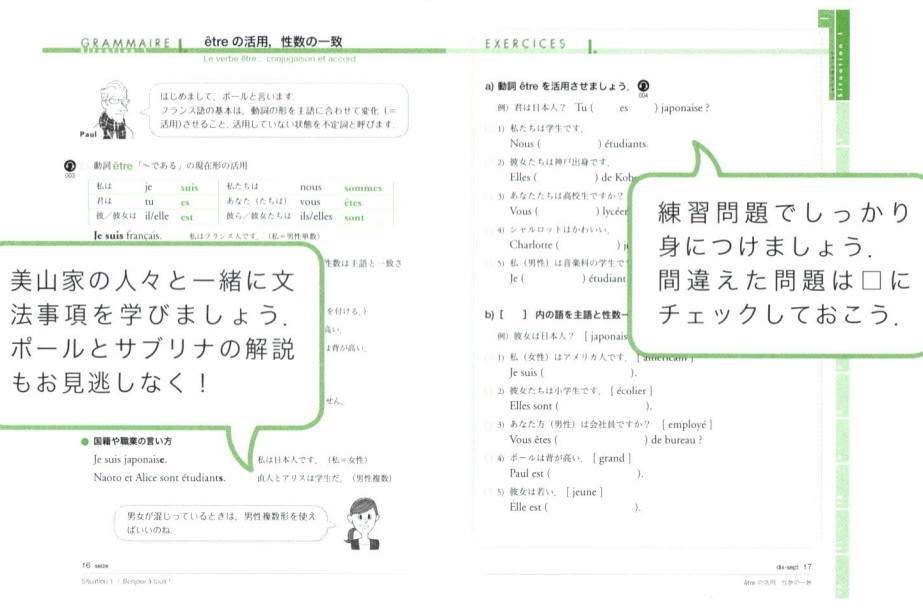

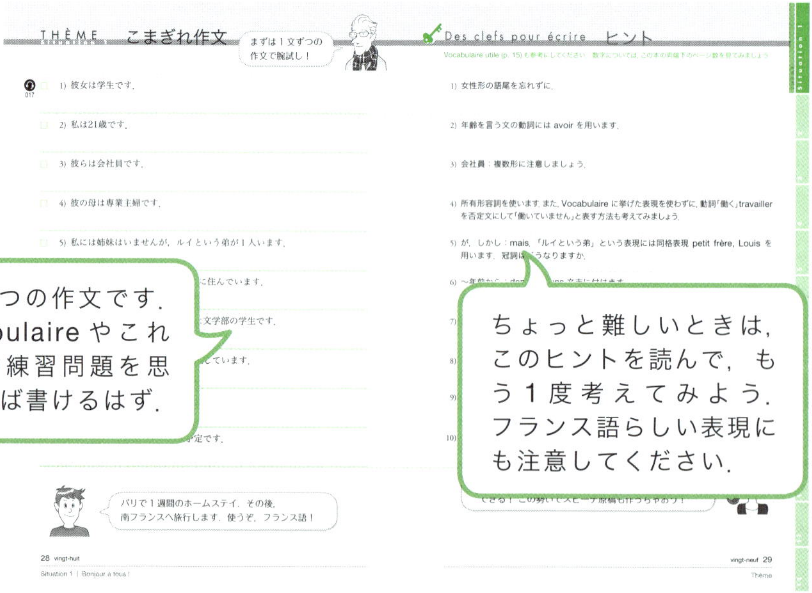

美山一家がいよいよ作文に挑戦します．あなたならどう書くかも考えてみてください．

困ったときはヒントを見てください．単語を入れ替えて，自分自身でも作文してみてください．

日本語の発想をフランス語に切り替えるための表現やコツを集めました．覚えて，使って，より自然なフランス語を目指そう！

フランス語ならではの文の組み立て方など＋αの情報です．もう1歩上のフランス語への架け橋になりますように．

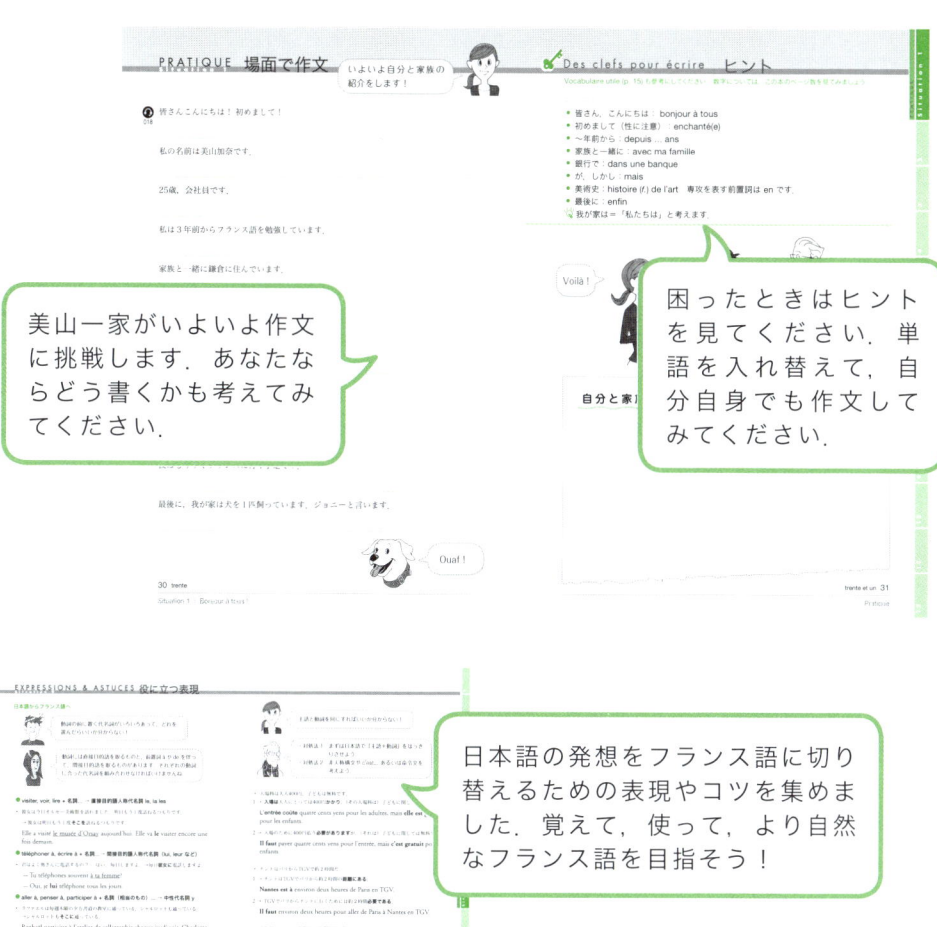

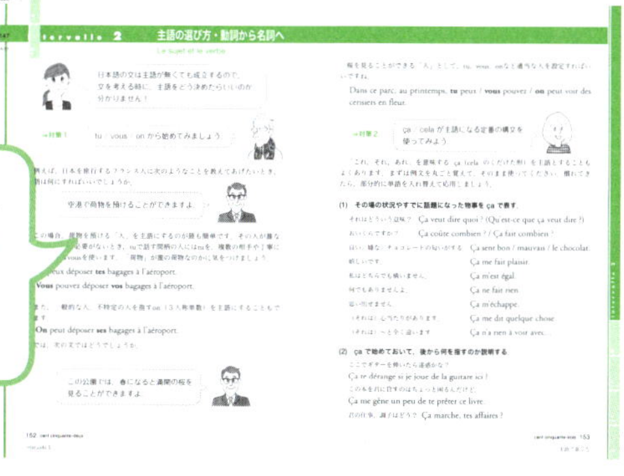

Situation 1

Bonjour à tous !

みなさん，こんにちは！ —— 自分と家族を紹介する

フランス語学校で自己紹介をします．自分のことや家族のこと，うまく伝えたいのですが・・・

— Kana

これが言いたい！

25歳，会社員です．

年齢や職業を言うときの動詞は？
- Ⅰ：動詞 être　　　　p. 16
- Ⅱ：動詞 avoir　　　　p. 18

フランス語を勉強しています．

「勉強する」という動詞の活用は？
- Ⅲ：-er 動詞　　　　p. 20

姉妹はいませんが，弟が1人います．

「1人」「いません」はどう言う？
- Ⅴ：不定冠詞，所有形容詞　p. 24
- Ⅵ：否定文　　　　　　　p. 26

弟はもうすぐフランスに行く予定です．

「行く」という動詞の活用は？
- Ⅳ：動詞 aller, venir　p. 22

使える単語・熟語集 ——Vocabulaire utile——

(m.) = 男性名詞　(f.) = 女性名詞

● 国籍　nationalité (f.)

☐ 日本人	japonais(e)	☐ フランス人	français(e)
☐ 韓国人	coréen(ne)	☐ 中国人	chinois(e)
☐ イタリア人	italien(ne)	☐ スペイン人	espagnol(e)
☐ イギリス人	anglais(e)	☐ ドイツ人	allemand(e)
☐ アメリカ人	américain(e)		

＊女性に対して用いるときは（　）内の女性形語尾を付けます．

● 家族　famille (f.)

☐ 父	père	☐ 母	mère
☐ 祖父	grand-père	☐ 祖母	grand-mère
☐ 姉	(grande) sœur	☐ 妹	(petite) sœur
☐ 兄	(grand) frère	☐ 弟	(petit) frère
☐ 孫息子	petit-fils	☐ 孫娘	petite-fille

＊兄弟姉妹の年齢の上下をあまり区別しないため，（　）の中の単語は省略されることがあります．

● 職業　profession (f.)

☐ 会社員	employé(e) de bureau	☐ 教師	professeur (m.)
☐ 公務員	fonctionnaire	☐ 料理人	cuisinier(-ère)

＊専業主婦＝ femme au foyer と言いますが，職業を持っていないと考え，sans profession と言うことが，現在では一般的です．

● 職場　lieu (m.) de travail (m.)

☐ 会社	bureau (m.)	☐ ホテル	hôtel (m.)
☐ 病院	hôpital (m.)	☐ 銀行	banque (f.)

● 学校　école (f.)

☐ 小学生	écolier(-ère)	☐ 中学生	collégien(ne)
☐ 高校生	lycéen(ne)	☐ 大学生	étudiant(e)

Vocabulaire

GRAMMAIRE 1. être の活用，性数の一致
Le verbe être : conjugaison et accord

はじめまして，ポールと言います．
フランス語の基本は，動詞の形を主語に合わせて変化（＝活用）させること．活用していない状態を不定詞と呼びます．

□ 動詞 être「～である」の現在形の活用

私は	je	suis	私たちは	nous	sommes
君は	tu	es	あなた（たちは）	vous	êtes
彼／彼女は	il/elle	est	彼ら／彼女たちは	ils/elles	sont

Je suis français.　　　私はフランス人です．（私＝男性単数）

● **性数一致の原則**：職業・国籍を表す語（属詞）や形容詞の性数は主語と一致させます．

・男性形＋**e**＝女性形
・単数形＋**s**＝複数形（女性複数の場合，女性形の後ろに複数の s を付ける．）

Il est grand. / Elle est grand**e**.　　　彼は／彼女は背が高い．

Ils sont grand**s**. / Elles sont grand**es**.　彼らは／彼女たちは背が高い．

＊男性形が e で終わる単語の場合は男女同形
　　pianiste ピアニスト, styliste デザイナー

＊単数形が s で終わる単語は，男性複数であってもさらに s は付けません．
　　Ils sont français. 彼らはフランス人です．

● **国籍や職業の言い方**

　Je suis japonais**e**.　　　　　　　私は日本人です．（私＝女性）

　Naoto et Alice sont étudiant**s**.　　直人とアリスは学生だ．（男性複数）

男女が混じっているときは，男性複数形を使えばいいのね．

16　seize

Situation 1 ｜ Bonjour à tous !

EXERCICES I.

a) 動詞 être を活用させましょう．

例）君は日本人？　Tu (　　es　　) japonaise ?

1) 私たちは学生です．
   Nous (　　　　　) étudiants.
2) 彼女たちは神戸出身です．
   Elles (　　　　　) de Kobe.
3) あなたたちは高校生ですか？
   Vous (　　　　　) lycéens ?
4) シャルロットはかわいい．
   Charlotte (　　　　　) jolie.
5) 私（男性）は音楽科の学生です．
   Je (　　　　　) étudiant en musique.

b) [　] 内の語を主語と性数一致させましょう．

例）彼女は日本人？　[japonais]　Elle est (　japonaise　) ?

1) 私（女性）はアメリカ人です．　[américain]
   Je suis (　　　　　).
2) 彼女たちは小学生です．　[écolier]
   Elles sont (　　　　　).
3) あなた方（男性）は会社員ですか？　[employé]
   Vous êtes (　　　　　) de bureau ?
4) ポールは背が高い．　[grand]
   Paul est (　　　　　).
5) 彼女は若い．　[jeune]
   Elle est (　　　　　).

être の活用，性数の一致

GRAMMAIRE II. avoirの活用，名詞の性数

Le verbe avoir : conjugaison et accord

年齢も être で言えないのかな？

フランス語では生きた年数を「持っている」ものと考え，動詞 avoir を使います．

□ 動詞 **avoir**「〜を持っている」

j'	**ai**	nous	**avons**
tu	**as**	vous	**avez**
il / elle	**a**	ils / elles	**ont**

je＋ai → j'ai と表記．これをエリジオン élision と呼びます．2文字で e で終わる単語に，母音または無音の h で始まる単語が続くときに e を省略し，アポストロフにおきかえます．

　J'ai un portable. 　私は携帯電話を持っている．（不定冠詞：p. 24を参照）

● 名詞の性と数，名詞と形容詞の性数一致

　名詞には男性名詞と女性名詞があります．単数形にsを付けて複数であることを示します．なお，名詞につく形容詞は，基本的に名詞の後ろに置き，名詞に性数を一致させなければいけません．（性数一致：p. 16を参照）

　C'est un chien blanc. / C'est une fleur blan**che**.　(c' = ce)
　それは（1匹の）白い犬です．／それは（1本の）白い花です．

　Ce sont des chien**s** blanc**s**. / Ce sont des fleur**s** blan**ches**.
　それは（何匹かの）白い犬です．／それは（何本かの）白い花です．

　＊sの代わりに x を付けて複数形を作る単語がある．bateau**x** 船, gâteau**x** ケーキ

● 年齢や家族の言い方

・年齢：— Vous **avez** quel âge ? — J'**ai** vingt an**s**.（疑問形容詞：p. 92を参照）
　　　　　「何歳ですか？」「20歳です」

・家族：Kana **a** un petit frère.　　　加奈には弟が1人いる．

弟の直人です．Enchanté !

EXERCICES Ⅱ.

a) 動詞 avoir を活用させましょう． 007

例) あなたには姉妹がいますか？　Vous (　　avez　　) des sœurs ?

1) 私たちは犬を１匹と猫を２匹飼っています．
   Nous (　　　　　) un chien et deux chats.
2) 直人はカフェでウェイターのバイトをしています．
   Naoto (　　　　　) un petit boulot de serveur dans un café.
3) 私にはフランス人の友だちがいて，シャルロットと言います．
   J' (　　　　　) une amie française, Charlotte.
4) 美山夫妻には２人子どもがいます．
   Monsieur et Madame Miyama (　　　　　) deux enfants.
5) 何歳なの？
   Tu (　　　　　) quel âge ?

b) [　] 内の語を適切に変化させましょう． 008

例) 私には２人姉妹がいます．[sœur]
   J'ai deux (　sœurs　).

1) 淳子はブランド物の帽子を３つ持っている．[chapeau]
   Junko a trois (　　　　　) de marque.
2) 直人は今日授業が４コマあります．[cours]
   Naoto a quatre (　　　　　) aujourd'hui.
3) 彼女にはイタリア人の友人がいます．[italien]
   Elle a une amie (　　　　　).
4) 美山夫妻にはフランス人の友人が５人います．[français]
   Monsieur et Madame Miyama ont cinq amis (　　　　　).
5) ジョニーは２歳です．[an]
   Johnny a deux (　　　　　).

GRAMMAIRE III 第 1 群規則動詞
Les verbes du premier groupe

「会社で働いている」はどう言う？

□ travailler「働く」

je	travaill**e**	nous	travaill**ons**
tu	travaill**es**	vous	travaill**ez**
il / elle	travaill**e**	ils / elles	travaill**ent**

Je **travaille dans** un bureau / un hôpital / une banque.
私は会社／病院／銀行で働いています．

「フランス語を勉強している」は？

□ étudier「勉強する」

j'	étudi**e**	nous	étudi**ons**
tu	étudi**es**	vous	étudi**ez**
il / elle	étudi**e**	ils / elles	étudi**ent**

J'**étudie** le français / l'histoire / les beaux-arts.
私はフランス語／歴史／美術を勉強しています．（定冠詞：p. 34を参照）

動詞の大半はこの活用形です．-er を外し，主語に合わせた語尾を付ければ出来上がり！ étudier のように母音または無音の h で始まる動詞はエリジオンやリエゾンをするから注意してね．名前を言うときの動詞 s'appeler も，語尾の形は同じだね．

● **名前の言い方**（代名動詞：p. 38を参照）

Je **m'appelle** Kana Miyama.　　　　私の名前は美山加奈です．
Il **s'appelle** Olivier Moulin.　　　　彼の名前はオリヴィエ・ムーランです．
Elle **s'appelle** Junko.　　　　　　　彼女の名前は淳子です．

20　vingt

Situation 1 | Bonjour à tous !

母の淳子です．Enchantée !

EXERCICES Ⅲ.

[　] 内の -er 動詞 を活用させましょう．

例) 私は鎌倉に住んでいる．［ habiter ］
　　J'(　habite　) à Kamakura.

☐ 1) 彼はフランス語を話します．［ parler ］
　　Il (　　　　　) français.

☐ 2) 君はフランス映画が好き？　［ aimer ］
　　Tu (　　　　　) le cinéma français ?

☐ 3) メラニーはニューヨークを訪れる．［ visiter ］
　　Mélanie (　　　　　) New York.

☐ 4) あなたは働き過ぎですよ．［ travailler ］
　　Vous (　　　　　) trop.

☐ 5) ジャックとマチルドは夕食を準備する．［ préparer ］
　　Jacques et Mathilde (　　　　　) le dîner.

☐ 6) あなたたちはドイツ語を勉強していますか？　［ étudier ］
　　Vous (　　　　　) l'allemand ?

☐ 7) アリスは駅に到着する．［ arriver ］
　　Alice (　　　　　) à la gare.

☐ 8) 彼らは家で夕食をとる．［ dîner ］
　　Ils (　　　　　) à la maison.

☐ 9) 私たちはテレビを観ます．［ regarder ］
　　Nous (　　　　　) la télévision.

☐ 10) 彼女の名前はシャルロットです．［ s'appeler ］
　　Elle (　　　　　) Charlotte.

活用は複雑に見えるけれど，3人称複数の活用語尾は発音しないから，nous と vous のとき以外の動詞の発音はすべて同じだね．

GRAMMAIRE IV. 不規則動詞 aller, venir
Les verbes irréguliers aller, venir

Sabrina: こんにちは，サブリナです．aller という動詞には気をつけて．

不定詞の語尾が -er だから，第1群規則動詞じゃないの？ アレ？ 活用が全然違う！

□ 動詞 **aller**「行く」

je	**vais**	nous	**allons**
tu	**vas**	vous	**allez**
il / elle	**va**	ils / elles	**vont**

1) 場所を表す語を伴って：「〜に行く」

   Nous **allons** souvent à Lyon.　私たちはよくリヨンに行きます．

2) 健康状態：— Tu **vas** bien ?　— Je **vais** bien, merci.
   　　　　　　　「元気？」　　　　「元気だよ，ありがとう」

3) 不定詞を伴って：「〜しに行く」「〜するつもりだ」（近接未来）

   Je **vais** chercher mon petit frère à la gare.　私は弟を駅に迎えに行きます．

□ 動詞 **venir**「来る」

je	**viens**	nous	**venons**
tu	**viens**	vous	**venez**
il / elle	**vient**	ils / elles	**viennent**

「来る」も一緒に覚えよう．

1) 「来る」：— Vous **venez** d'Italie ?　— Non, je **viens** de France.
   　　　　　「イタリアから来たのですか？」「いいえ，フランスです」

2) 不定詞を伴って：「〜しに来る」

   — Tu **viens** dîner chez nous ?　　— Avec plaisir !
   　「僕らの家に夕食を食べに来る？」　　「喜んで！」

3) de ＋不定詞（近接過去：p. 50を参照）：「〜したところだ」

   Elle **vient d'**arriver à l'aéroport Charles-de-Gaulle.
   彼女はシャルル・ド・ゴール空港に到着したところだ．

EXERCICES IV.

動詞 aller, venir のどちらかを選び，活用させましょう．

例）私はときどき横浜に行きます． Je (vais) parfois à Yokohama.

1) 直人と加奈が私の家に昼食を食べに来ます．
   Naoto et Kana ( ) déjeuner chez moi.

2) 私たちはパリに行きます．
   Nous ( ) à Paris.

3) サブリナはルーアンから来ました．
   Sabrina ( ) de Rouen.

4) 君はイタリアに着いたばかりですか？
   Tu ( ) d'arriver en Italie ?

5) ジャックとマチルドはスイスに行きます．
   Jacques et Mathilde ( ) en Suisse.

6) 私たちはしばしばこのレストラン「シェ・ニコラ」に来ます．
   Nous ( ) souvent dans ce restaurant, « Chez Nicolas ».

7) 直人はまもなくフランスに出発します．
   Naoto ( ) bientôt partir en France.

8) ご機嫌いかがですか？
   Comment ( ) -vous ?

9) あなたはスペイン出身ですか？
   Vous ( ) d'Espagne ?

10) 私はもうすぐイギリスに留学します．
    Je ( ) bientôt aller étudier en Angleterre.

使用頻度の高い動詞が不規則だったりするんだな．うーん，燃えてきた！

お父さんのあだ名は「活用大王」に決まりです．

GRAMMAIRE V. 不定冠詞, 所有形容詞

Les articles indéfinis et les adjectifs possessifs

「1人の, 1つの」と言うには不定冠詞の単数形を使います. 男性名詞には **un**, 女性名詞には **une**. 誰・何を指しているのかが定まっていない複数の人・物には複数形 **des** です.

● 不定冠詞：

J'ai **un** frère et **une** sœur.　　　兄（弟）が1人, 姉（妹）が1人います.

Vous avez **des** frères et sœurs ?　　兄弟姉妹はいますか？

● 所有形容詞：「私の」「君の」など, 誰のものかを示します. 名詞「父」「母」「両親」にそれぞれ所有形容詞を付けると以下のようになります.

	男性単数（父）	女性単数（母）	複数（両親）
私の	**mon** père	**ma** mère	**mes** parents
君の	**ton** père	**ta** mère	**tes** parents
彼の／彼女の	**son** père	**sa** mère	**ses** parents
私たちの	**notre** père / mère		**nos** parents
あなた（たち）の	**votre** père / mère		**vos** parents
彼らの／彼女たちの	**leur** père / mère		**leurs** parents

＊発言者や所有者の性数ではなく, 名詞の性数に合わせます.

Mon père s'appelle Naomasa.

Ma mère s'appelle Junko.

母音または無音の h で始まる女性名詞には ma, ta, sa の代わりに男性形 mon, ton, son を使います.

　　son adresse　彼の／彼女の住所　　　**son** idée　彼の／彼女の考え

sa adresse, sa idée ではア・ア, ア・イ〜. 母音が続いて発音しにくいので, 男性形を使ってリエゾンさせるんだ.

24　vingt-quatre

EXERCICES V.

（　）の中に不定冠詞または所有形容詞を入れましょう．

例）君は車を持ってる？ Tu as (　une　) voiture ?

1) 兄弟姉妹はいる？
   Tu as (　　　) frères et sœurs ?

2) あなたはご両親とお住まいですか？
   Vous habitez avec (　　　) parents ?

3) 君の新しい自転車格好いいね！
   (　　　) nouveau vélo est très beau !

4) 私はパソコンを持っている．
   J'ai (　　　) ordinateur.

5) ラファエルはこの本を恋人に貸します．
   Raphaël prête ce livre à (　　　) petite amie.

6) あなたに私の両親をご紹介します．
   Je vais vous présenter (　　　) parents.

7) アリスは父親に電話する．
   Alice téléphone à (　　　) père.

8) これはオリヴィエの写真です．
   C'est (　　　) photo d'Olivier.

9) カリムは毎日両親に電話する．
   Karim téléphone à (　　　) parents tous les jours.

10) シャルロットとルイは祖父母の家で夕食を食べる．
    Charlotte et Louis dînent chez (　　　) grands-parents.

> 名詞の性には一応の法則性があります．① 語尾が …age, …ment の名詞は男性，② 語尾が …tion, …té の名詞は女性，③ 語尾が e の名詞は女性であることが多いです．

不定冠詞，所有形容詞

GRAMMAIRE VI. 否定文
La phrase négative

「私には姉妹がいません」と言いたいのだけど….

動詞は avoir，否定文を使う必要があるね．

● 否定文： 主語＋ne＋動詞の活用＋pas

＊動詞が母音または無音のhで始まるときは，ne → n'となります．

Je suis employé de bureau.　　　私は会社員です．
→ Je **ne** suis **pas** employé de bureau.　私は会社員ではありません．

● 否定のde：直接目的語の不定冠詞や部分冠詞は，否定文ではdeに変わります．

Sabrina a **un** vélo.　　　　　　サブリナは自転車を1台持っている．
→ Sabrina **n'a pas de** vélo.　　サブリナは自転車を持っていない．
J'ai **du** travail.　　仕事がある．　（du＝部分冠詞：p. 138を参照）
→ Je **n'ai pas de** travail.　仕事がない．

● 他の否定表現

・**ne … jamais**：「決して〜ない」

　　Lucie **ne** mange **jamais** de viande.　　リュシーは決して肉を食べない．

・**ne … plus**：「もはや〜ない」

　　Jacques **n'est plus** jeune.　　ジャックはもう若くはない．

・**ne … rien**：「何も〜ない」

　　Lucie **ne** mange **rien** le matin.　　リュシーは朝には、何も食べない．

・**ne … personne**：「誰も〜ない」

　　Je **ne** déteste **personne**.　　私は誰も嫌いではない．

・**ne … pas encore**：「まだ〜ない」

　　Il **n'a pas encore** vingt ans.　　彼はまだ20歳になっていない．

・**ne … que**（部分否定）：「〜しかない」

　　Lucie **ne** mange **que** des gâteaux.　　リュシーはお菓子しか食べない．

EXERCICES Ⅵ.

日本語に合わせて否定文にしましょう． 016

例) Alice est étudiante aux beaux-arts.
　　Alice n'est pas étudiante aux beaux-arts.
　アリスは美術専攻の学生ではありません．

1) Karim a des frères.

　カリムには兄弟がいません．

2) Alice boit de l'alcool.

　アリスはアルコールを飲まない．

3) Anne étudie l'anglais.

　アンヌはもう英語を勉強していません．

4) Mon grand-père aime les films violents.

平和が一番．

　祖父は暴力的な映画が好きではない．

5) Nicolas et Pauline ont une voiture.

　ニコラとポーリーヌは1台しか車を持っていません．

je や ne のように2文字で e で終わる単語は，母音または無音の h で始まる語が続くときにエリジオンさせるのよね．

la, que, si もエリジオンします．「ラクして覚えて忘れるな」と覚えよう．

vingt-sept 27

否定文

THÈME　こまぎれ作文

まずは1文ずつの作文で腕試し！

1) 彼女は学生です．

2) 私は21歳です．

3) 彼らは会社員です．

4) 彼の母は専業主婦です．

5) 私には姉妹はいませんが，ルイという弟が1人います．

6) ニコラNicolasは10年前から鎌倉に住んでいます．

7) アリス Alice とピエール Pierre は文学部の学生です．

8) 私は2年前からフランス語を勉強しています．

9) 私の弟の名前は直人です．

10) 彼はもうすぐフランスに行く予定です．

パリで1週間のホームステイ．その後，南フランスへ旅行します．使うぞ，フランス語！

Des clefs pour écrire　ヒント

Vocabulaire utile (p. 15) も参考にしてください．数字については，この本の両端下のページ数を見てみましょう．

1) 女性形の語尾を忘れずに．

2) 年齢を言う文の動詞には avoir を用います．

3) 会社員：複数形に注意しましょう．

4) 所有形容詞を使います．また，Vocabulaire に挙げた表現を使わずに，動詞「働く」travailler を否定文にして「働いていません」と表す方法も考えてみましょう．

5) が，しかし：mais．「ルイという弟」という表現には同格表現 petit frère, Louis を用います．冠詞はどうなりますか．

6) 〜年前から：depuis ... ans 文末に付けます．

7) 男女混合の複数の場合，名詞の性数はどうするのでしたか．

8) エリジオンを忘れずに．

9) （私の）弟：mon petit frère フォーマルな言い方としては mon frère cadet を使いますが，普段は mon petit frère で十分です．フランス語では年上か年下かをあまり問題にしないので，単に mon frère とすることもできます．

10) もうすぐ：副詞 bientôt は動詞の直後に付けます．

ここまで勉強してきた文の形を利用したら，簡単に作文できる！　この勢いでスピーチ原稿も作っちゃおう！

vingt-neuf　29

Thème

PRATIQUE　場面で作文

いよいよ自分と家族の紹介をします！

皆さんこんにちは！ 初めまして！

私の名前は美山加奈です．

25歳，会社員です．

私は3年前からフランス語を勉強しています．

家族と一緒に鎌倉に住んでいます．

父の名前は直正です．銀行で働いています．

母の名前は淳子です．専業主婦です．

私には姉妹はいませんが，直人という弟がいます．

彼は20歳です．美術史の学生です．

彼はもうすぐフランスに行く予定です．

最後に，我が家は犬を1匹飼っています．ジョニーと言います．

30　trente

Situation 1　|　Bonjour à tous !

Des clefs pour écrire　ヒント

Vocabulaire utile (p. 15) も参考にしてください．数字については，この本のページ数を見てみましょう．

- 皆さん，こんにちは： bonjour à tous
- 初めまして（性に注意）： enchanté(e)
- 〜年前から： depuis ... ans
- 家族と一緒に： avec ma famille
- 銀行で： dans une banque
- が，しかし： mais
- 美術史： histoire (f.) de l'art 　専攻を表す前置詞は en です．
- 最後に： enfin
- 我が家は＝「私たちは」と考えます．

自分と家族の紹介文を書いてみましょう．

Situation 2

Venez visiter ma ville !

私の町を訪ねてください！ ——自分の町を紹介する

Junko

語学学校でのスピーチ，今度は私が，住んでいる町を紹介するわ。「私」以外を主語にした3人称の表現に慣れてなくて心配！

これが言いたい！

鎌倉市は神奈川県の南東にあります．

特定のものに付ける冠詞は？
I ：定冠詞　　　　　　p. 34
II ：前置詞と定冠詞の縮約　p. 36

「～にある」動詞は？
III ：代名動詞　　　　　p. 38

冬はけっこう寒いです．

天気について話すには？
V ：非人称構文(1)　　p. 42

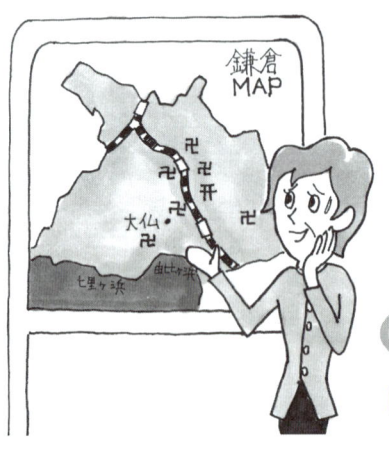

私の町を訪ねてください！

誘ったり，お願いしたりするには？
IV ：命令文（1）　　p. 40

32　trente-deux

Situation 2 ｜ Venez visiter ma ville !

使える単語・熟語集 ——Vocabulaire utile——

● 地理　géographie (*f.*)

- ☐ 山　　　　montagne (*f.*) / mont (*m.*)（固有名詞を伴って 〜山）
- ☐ 川　　　　rivière (*f.*)（他の川に合流）/ fleuve (*m.*)（海に流れる）
- ☐ 海　　　　mer (*f.*)　　　　☐ 平野　　plaine (*f.*)
- ☐ 田園　　　campagne (*f.*)　　☐ 畑　　　champ (*m.*)
- ☐ 道　　　　boulevard (*m.*)（大通り）/ rue (*f.*)（小さな通り）
- ☐ 県　　　　département (*m.*)　☐ 町・市　ville (*f.*)
- ☐ 村　　　　village (*m.*)

● 建物　bâtiment (*m.*)

- ☐ 家　　　　maison (*f.*)　　　　☐ ビル　　immeuble (*f.*)
- ☐ 学校　　　école (primaire) (*f.*)（小学校）/ collège (*m.*)（中学校）/ lycée (*m.*)（高校）/ université (*f.*)（大学）
- ☐ スーパー　supermarché (*m.*)　　☐ コンビニ　supérette (*f.*)
- ☐ ショッピングセンター　centre (*m.*) commercial　☐ 映画館　cinéma (*m.*)
- ☐ 美術館／博物館　musée (*m.*)　☐ 劇場　　théâtre (*m.*)
- ☐ ジム　　　gymnase (*m.*)　　　☐ 野球場　stade (*m.*) de baseball
- ☐ 動物園　　zoo (*m.*)　　　　　☐ 公園　　jardin (*m.*) / parc (*m.*)
- ☐ 寺　　　　temple (*m.*) bouddhiste　☐ 神社　sanctuaire (*m.*) shinto

● 季節　les quatre saisons (*f.*)

- ☐ 春に　　　au printemps (*m.*)　☐ 夏に　　en été (*m.*)
- ☐ 秋に　　　en automne (*m.*)　　☐ 冬に　　en hiver (*m.*)

● 天候　temps (*m.*)

- ☐ 雨が降る　pleuvoir　　　　　　☐ 雪が降る　neiger
- ☐ 雹が降る　grêler

trente-trois　33

Vocabulaire

GRAMMAIRE
Situation 2

Ⅰ. 定冠詞と不定冠詞
Les articles définis et les articles indéfinis

まずは，1課で見た不定冠詞と対になる定冠詞を覚えよう．

		定冠詞	不定冠詞
単数	男性	**le (l')**	un
単数	女性	**la (l')**	une
複数		**les**	des

定冠詞は名詞を特定化するか，あるいは総称として示します．

聴き手にとって「新しい情報」のときは名詞に**不定冠詞**を付けます．

  Il y a **un** grand jardin dans ma ville. （非人称構文：p. 42を参照）

  私の町には（1つの）大きな公園がある．

それに対し，聴き手がすでに了解している特定のものや，限定されているものには**定冠詞**を付けます．

  Le jardin Kenroku-en est plein de monde. 兼六園は人で一杯だ．

なお，le, la は名詞が母音または無音の h で始まるときにはエリジオンさせます．

  L'église Saint-Eustache est très grande. （l'=la)．

  サントゥスタッシュ教会はとても大きい．

また，「〜が好き」と言うときは，種類としてその対象全部が好きだと捉え，総称の定冠詞を付けます．数えられるものは複数，数えられない（量で捉える）ものは単数にします（部分冠詞：p. 138を参照）．

  J'adore **le** café. / Tu aimes **la** musique ? / Vous aimez **les** chats ?

  私はコーヒーが大好き／音楽は好き？／あなたはネコが好きですか？

私はワインが好きだから J'adore le vin. をまず覚えるわ．

EXERCICES I.

（　）の中に定冠詞または不定冠詞を入れましょう．

例）私はお寺が大好きです．　J'adore (les) temples bouddhistes.

☐ 1)　「あれは劇場ですか？」「はい．シャンゼリゼ劇場ですよ」
　　— C'est (　　　　) théâtre ?
　　— Oui, c'est (　　　　) Théâtre des Champs-Elysées.

> 問いの文では特定されてない「1つの」劇場，答えの文では特定の劇場を指していますよ．

☐ 2)　この動物園にはライオンがいますか？
　　Il y a (　　　　) lions dans ce zoo ?

☐ 3)　ポーリーヌとニコラは鎌倉市に住んでいます．
　　Pauline et Nicolas habitent dans (　　　　) ville de Kamakura.

☐ 4)　「音楽はお好きですか？」「はい，ブリティッシュ・ロックが好きです」
　　— Vous aimez (　　　　) musique ?
　　— Oui, j'aime (　　　　) rock britannique.

☐ 5)　町の中心に小さな川が流れています．
　　(　　　　) petite rivière coule au centre de la ville.

☐ 6)　リヨンの住民はリヨネーと呼ばれます．
　　(　　　　) habitants de Lyon s'appellent les Lyonnais.

☐ 7)　君は今日大学に行くの？
　　Tu vas à (　　　　) université, aujourd'hui ?

> 私はセザンヌの絵が好きなので，
> J'aime la peinture de Cézanne !

trente-cinq　35

定冠詞と不定冠詞

GRAMMAIRE II. 前置詞と定冠詞の縮約
Les formes contractées

前置詞 à「〜へ」「〜に」, de「〜から」「〜の」「〜について」に続く名詞に定冠詞 le, les が付くとき，前置詞と定冠詞が結びついて1つの単語になります．これを前置詞と定冠詞の縮約と呼びます．

à + le → **au**	à + les → **aux**
de + le → **du**	de + les → **des**

Il habite **au** Japon. / Elle vient **du** Portugal.
彼は日本に住んでいる．／彼女はポルトガル出身だ．

Anne va **aux** Halles pour faire des courses.
アンヌは買い物をしにレ・アールへ行く．

Elle vient **des** États-Unis pour étudier l'art gothique.
彼女はゴシック美術を勉強しにアメリカから来ている．

定冠詞が la, l' となる場合は縮約しません．

Nous allons **à la** piscine. / Je vais **à l'**hôpital.
私たちはプールへ行く．／僕は病院に行く．

> 場所を示す際，方角などを明示する表現を丸ごと覚えておくと便利じゃないかな．

● 位置を表す表現

・ *au* nord / sud *du* Japon 日本の北部／南部 に
・ *à* l'est / l'ouest *de la* France フランスの東部／西部 に
・ *au* bord *du* lac 湖のほとりに / *au* bord *de la* mer 海辺に
・ *au* centre *de la* ville 町の中心に

> ちなみに，村上春樹の小説『国境の南，太陽の西』は
> *Au sud de la frontière, à l'ouest du soleil*
> と訳されていますよ．

36 trente-six

Situation 2 | Venez visiter ma ville !

EXERCICES II.

（　）内の語を並べ替え，前置詞と定冠詞を正しく縮約させて文を作りましょう．

例）春になると桜がとても綺麗だ．
(le / les cerisiers en fleur / printemps / à / beaux / très / sont)
Au printemps, les cerisiers en fleur sont très beaux.

1) 留学生たちに私の国を紹介します．
(présente / à / je / pays / les / mon / étudiants étrangers)

2) 直人は南仏のロマネスク教会について話している．
(parle / Naoto / Midi / de / églises / les / romanes / de / le)

3) 町の中心にオペラ座がある．
(il y a / de / ville / un opéra / la / à / centre / le)

4) 「中国出身ですか？」「いいえ，日本から来ました」
— Vous venez de Chine ? — (je / non / Japon / le / viens / de)

5) 加奈は1週間に1度，スポーツクラブに行く．
(le / Kana / semaine / club de sport / une / va / par / à / fois)

> 女性名詞の国名，母音または無音の h で始まる男性名詞の国名に，場所を表す前置詞を付けるときには，à ではなく en を用いるので，注意してください．
> Vous allez en France ?（フランスに行きますか？）

GRAMMAIRE III. 代名動詞
Les verbes pronominaux

主語と同じものを指す再帰代名詞 se を伴って，代名動詞として用いる動詞があります．se は主語に応じて変化します．

□ **se lever**「起きる」＊アクサン・グラーヴに注意

je	me lève*	nous	nous levons
tu	te lèves*	vous	vous levez
il / elle	se lève*	ils / elles	se lèvent*

lever は「〜を起こす」（他動詞）ですが，再帰代名詞を伴うことで「自分自身を起こす」→「起きる」となります．

Je **me lève** à sept heures tous les matins.　　私は毎朝7時に起きる．

主語の（身体の）一部が目的語となる場合もあります．

Lucie, tu ne **te laves** pas les mains ?　リュシー，手を洗わないの？

こうした用い方を「再帰的」用法と呼びます．

他に，「〜される」という「受身」の用法や

Comment ça **se dit** en français ?　　それフランス語でどう言うの？

「互いに〜する」という「相互的」な用法もあります．

Ils **se rencontrent** à la gare.　　彼らは駅で出会う．

動詞が母音または無音のhで始まるときは，再帰代名詞をエリジオンさせるので注意しましょう．

□ **s'appeler**「名は〜である，〜と呼ばれる」＊lの数に注意

je	m'appelle*	nous	nous appelons
tu	t'appelles*	vous	vous appelez
il / elle	s'appelle*	ils / elles	s'appellent*

否定文は ne ＋ 代名動詞 ＋ pas の語順になります．

EXERCICES III.

[ ] 内の代名動詞を活用させましょう. 023

例) 直人はマルセイユの町を散歩する．[se promener]
　　Naoto (se promène) dans la ville de Marseille.

1) 私の大学は町の南西に位置する．[se situer]
　　Mon université (　　　　　　) au sud-ouest de la ville.

2) 私は11時に床に就く．[se coucher]
　　Je (　　　　　　) à onze heures.

3) バスと地下鉄のどちらで移動されますか？ [se déplacer]
　　Vous (　　　　　　) en bus ou en métro ?

4) カフェのテラスで休みたくない？ [se reposer]
　　Tu ne veux pas (　　　　　　) à la terrasse d'un café ?

5) 川崎市は横浜市の北東にある．[se trouver]
　　La ville de Kawasaki (　　　　　　) au nord-est de la ville de Yokohama.

6) 彼らは互いにあまり電話しない．[se téléphoner]
　　Ils ne (　　　　　　) pas souvent.

7) それはフランス語で何と呼びますか？ [s'appeler]
　　Comment ça (　　　　　　) en français ?

8) 私たちは朝，早起きはしません．[se lever]
　　Nous ne (　　　　　　) pas tôt le matin.

> 1人称複数の否定形は nous ne nous ……

> ぬぬぬ，やるな，おぬし！

> 直正さん，nous と ne は違う音ですからね．

trente-neuf 39

代名動詞

GRAMMAIRE IV. 命令文（1），第2群規則動詞
La phrase impérative (1), et les verbes du deuxième groupe

> 命令文は主語を伴いません．-er 動詞および aller の2人称単数の語尾には s を付けません．

Marche plus vite !　　　　　もっと速く歩きなさい！
Prenons un petit café.　　　ちょっとコーヒー飲もうよ．

● 否定の命令文：動詞を ne と pas で挟みます．

Ne mangez pas trop vite !　　がつがつ食べちゃいけませんよ！

● être, avoir の命令形

	être	avoir
tu	sois	aie
nous	soyons	ayons
vous	soyez	ayez

Sois sage.　　　いい子にしてね．
Soyons francs.　ざっくばらんにいきましょう．
Ayez confiance en moi.　私を信用してください．

● 代名動詞の命令形：肯定文の場合，再帰代名詞（強勢形）を動詞の後ろに置き，トレデュニオンで結びます（強勢形：p. 124を参照）．

Taisez-vous, s'il vous plaît !　　静かにしてください！（se taire）

否定文の場合には，倒置は不要です．

Ne vous disputez pas.　　喧嘩するんじゃありません．（se disputer）

● 第2群規則動詞：不定詞の語尾が -ir で終わる幾つかの動詞は，活用が規則的です．

□ choisir （選ぶ）　第2群規則動詞

je	chois**is**	nous	chois**issons**
tu	chois**is**	vous	chois**issez**
il / elle	chois**it**	ils / elles	chois**issent**

> 数は多くない第2群規則動詞だけど活用はしっかり覚えておきたいねえ．ふふふ．

EXERCICES IV.

[　] 内の内の動詞を 1)-3) は tu，4)-6) は nous，7)-9) は vous に対する命令文に書き換えましょう．

026

例）（vous に対して）私にこの歌を歌ってください．［ chanter ］
　　（ Chantez ）cette chanson pour moi.

1) どうぞごゆっくり．［ prendre ］
　　（　　　　　　　）ton temps.

2) 私の町を訪ねてね！［ venir ］
　　（　　　　　　　）visiter ma ville !

3) ルイ，慎重にね！［ être ］
　　Louis, (　　　　　　　　) prudent !

4) 買い物に行こう，冷蔵庫にもう何もないんだ．［ aller ］
　　(　　　　　　　) faire des courses, il n'y a plus rien dans le frigo.

5) 前向きにいこう！［ être ］
　　(　　　　　　　) positifs !

6) 友だちへのお土産を選ぼうよ．［ choisir ］
　　(　　　　　　　) des cadeaux pour nos amis.

7) 早く起きてください！［ se lever ］
　　(　　　　　　　) vite, s'il vous plaît !

8) 子どもたち，宿題をやってしまいなさい！［ finir ］
　　Les enfants, (　　　　　　　　　) votre travail !

9) 怖がらないで．私がついていますよ．［ avoir ］
　　N' (　　　　　　　　) pas peur. Je suis avec vous.

フランス国歌 *La Marseillaise* の歌詞《 Marchons, marchons ! 》「進もう，進もう」これも命令文ですね．もとはフランス革命時代の軍歌です．

quarante et un 41
命令文（1），第 2 群規則動詞

GRAMMAIRE V. 非人称構文 (1)

La construction impersonnelle (1)

3人称単数（男性）の代名詞 il は非人称の主語ともなり，様々な表現に使われます．

● **il fait...** (fait は faire の3人称単数)：天候を表す

Il fait beau / mauvais / chaud / froid aujourd'hui.

今日は天気がいい／天気が悪い／暑い／寒い．

il が faire 以外の動詞をとることもあります．

Il pleut / **neige** / **grêle**.　　　　雨／雪／雹が降る．

● **il est... heure(s)**：時刻を表す

heure「時」は女性名詞ですから1時は une heure となります．
2時 deux heure**s** 以降は複数です．

Il est quatre heure**s** cinq.　　　　4時5分です．

15分，30分，45分には特別な言い方があります．

	une heure	juste	1時ちょうど
	deux heures	cinq	2時5分
	trois heures	et quart	3時15分
Il est	quatre heures	et demie	4時半
	cinq heures	moins le quart	5時15分前
	six heures	moins cinq	6時5分前
	midi / minuit		正午／午前0時

ただし，24時間制で言う時には quart や demie ではなく，quinze, trente を使わないといけないんです．

じゃあ 20 時 30 分なら Il est vingt heures trente. と言えばいいんだね．

● **il y a ...** (a は avoir の3人称単数)：「～がある」

Il y a un château dans ma ville.　　　私の町にはお城がある．

EXERCICES V.

（　　）内の語を並べ替え，動詞を適当な形に活用させて，非人称の il を主語にした文を完成させましょう．

例）パリにはたくさんの劇場があります．
　　(à / théâtres / avoir / il / de / Paris / y / beaucoup)
　　Il y a beaucoup de théâtres à Paris.

1) 夏はとても暑いです．
　 (chaud / il / en / très / été / faire)

2) 7時45分です．
　 (huit / il / le / heures / moins / être / quart)

> 8時15分前ってことね．

3) 私の家の近くにお寺がある．
　 (un / avoir / près de / il / maison / y / bouddhiste / ma / temple)

4) もうすぐ真夜中になります．
　 (être / minuit / il / bientôt / aller)

> être と aller と，動詞が2つありますね．
> 語順は分かりますか？　ヒントは近接未来(p. 22)です．

5) 明日はいい天気になるでしょう．
　 (faire / aller / beau / il / demain)

quarante-trois　43
非人称構文（1）

THÈME こまぎれ作文

Situation 2

3人称の表現に慣れましょう！

1) 私の両親は富山県に住んでいます．

2) 淳子はフランスのワインが大好きです．

3) 秋には紅葉がとても綺麗だ．

4) キャロリーヌはカナダ出身です．

5) 湖のほとりに古いお城があります．

6) オランジュリー美術館を訪ねましょう！

7) 阿蘇山は熊本の東部に位置する．

8) 11時15分です．

9) 天気が良い日には，大山が見えます．

10) 山形市の人口は約25万人です．

市町村や県の人口をたずねる人が，フランスにはたくさんいますよ．

Situation 2 | Venez visiter ma ville !

Des clefs pour écrire ヒント

Vocabulaire utile (p. 33) も参考にしてください．

1) 地名に関しては右記を参照してください．

> ●地名
> le village de Hinohara 檜原村
> la ville de Yokohama 横浜市
> le département d'Ōita 大分県
> le mont Fuji 富士山
> le fleuve Shinano 信濃川
> le lac Biwa 琵琶湖

2) ワイン：vin (*m.*) は液体なので，数えられないものとして扱います．

3) 紅葉：les feuilles (*f.*) rouges です．形容詞 beau の性数一致を忘れずに．

4) Canada は男性名詞．

5) 〜のほとりに：au bord de... 「古い」vieux は通常，名詞の前に置きます．

6) 命令文を使いましょう．「オランジュリー」Orangerie は母音で始まっています．定冠詞に注意しましょう．

7) 位置する：代名動詞 se situer / se trouver を使います．

8) 非人称の主語 il を使って時刻を表します．

9) 日本語で「〜の日は」となっていても，quand「〜の時に」を使うのが簡単です．「見える」のように主語（誰が見るか）が曖昧な文には on を使うのが便利です．

10) Cf. 大阪府の人口は約 **884** 万人です．

    La population du département d'Osaka est d'**environ huit millions huit cent quarante mille** habitants.

> mille は複数でも s が付かないので，注意してね．

●大きな数
100　cent　　　　1 000　mille　　　　10 000　dix mille
100 000　cent mille　　1 000 000　un million

PRATIQUE 場面で作文
Situation 2

数字をしっかり覚えて，いよいよ本番よ！

今日は，私の町について皆さんにお話ししたいと思います．

私は，神奈川県鎌倉市に住んでいます．

鎌倉市は県の南東部にあります．

市の人口は約17万人です．

町にはたくさんのお寺があり，大仏が有名です．

天気のいい日には，富士山が見えます．

冬はけっこう寒くて，時には雪が降ります．

でも，春には桜がとても綺麗です．

私は自分の町が大好きです．

ぜひ私の町を訪ねてくださいね．

Des clefs pour écrire　ヒント

Vocabulaire utile (p. 33) も参考にしてください．

- 皆さんに：vous（間接目的語人称代名詞）は動詞の前に（p. 122を参照）
- 〜について話す：parler de...
- 〜したいと思います：Je voudrais ＋ 不定詞
- 南東：sud-est (*m.*)
- たくさんの：beaucoup de ＋ 無冠詞名詞
- 大仏：grande statue (*f.*) de Bouddha
- 有名（な）：célèbre
- けっこう → 十分に：assez
- 時には：parfois
- 桜 → 開花した桜：cerisiers (*m. pl.*) en fleur
- ぜひ訪ねてください → 「訪ねに来る」venir visiter を使った命令文にしましょう．Visitez だけではとても強い命令になるので注意してください．

J'aime beaucoup ma ville !

自分の住む町の紹介文を書いてみましょう．

Situation 3

Une carte postale de Marseille
マルセイユからの絵葉書 ——過去の出来事を伝える①

Naoto: パリでホストファミリーにお世話になった後，1人で南フランスへ来ました．マルセイユから，ホストファミリーに葉書を出すぞ！ ……でも過去形が難しい！

これが言いたい！

かわいい子に出会ったばかりです．
現在に近い過去を言うには？
Ⅰ：近接過去　　　p. 50

教会を訪れました．
過去の出来事を語るには？
Ⅱ：複合過去（1）　p. 52

イフ島に行きました．
移動については要注意！
Ⅲ：複合過去（2）　p. 54

絵葉書を書く ⇒ EXPRESSIONS　p. 60

エドモンには会えなかったけど，楽しかった！
否定の言い方は？
Ⅴ：複合過去の否定形　p. 58

「楽しかった」は？
Ⅳ：代名動詞の複合過去　p. 56

使える単語・熟語集 ——Vocabulaire utile——

● **郵便 courrier (m.)**

- 絵葉書　　carte (f.) postale
- 切手　　　timbre (m.)
- サイン　　signature (f.)
- 受取人　　destinataire (m.)
- 届く　　　arriver
- (…に) 返信する　répondre (à...)
- 手紙　　　lettre (f.)
- 住所　　　adresse (f.)
- 差出人　　expéditeur (m.)
- ～を送る・郵送する　envoyer
- (…に手紙・メールを) 書く　écrire (à...)
- 郵便局　　(bureau (m.) de) poste (f.)

● **旅行の日程 planning (m.) de voyage (m.)**

- (…に) 到着する　arriver (à...)
- 朝食をとる　prendre le petit déjeuner
- 昼食／夕食をとる　déjeuner / dîner
- ～と出会う　rencontrer
- ２日目　　le deuxième jour
- ～を訪れる・見学する　visiter
- １日目　　le premier jour
- 最終日　　le dernier jour

かわいい子には旅をさせろ，だね．

同じことをフランス語では，Qui aime bien, châtie bien.「よく愛する者はよく罰する」と言います．ちょっと厳しいですね．

quarante-neuf 49

Vocabulaire

GRAMMAIRE
situation 3
近接過去
Le passé proche

> 「**venir de** + 不定詞」で近い過去を表します．

「〜したばかり，〜したところ」といった意味になります．

Je **viens de** sortir / **d'**arriver.　　私は外出した／到着したところだ．

時間的な距離（どこまでが近い過去か）は話者の主観・感覚で決まります．主語は人でも物でも使えます．

> venir の活用を忘れた人は，p. 22 に戻ろう．

● 近接過去の用法

1) 「完了したばかりの行為」を示す．

Je **viens de** dîner.　　夕食を食べたところです．

Ils **viennent** juste **d'**arriver à la gare.　彼らはちょうど駅に着いたところです．

2) 最新作（小説，映画，漫画など），新製品（電化製品など）が出たばかりであることを伝える．

Un nouveau guide touristique **vient de** paraître.
新しい観光ガイドが出版されたところだ．

Le dernier modèle de tablette du fabricant X **vient de** sortir.
X社のタブレットの最新モデルが出たところだ．

> 淳子さん，近接過去を勉強したところですね？

> Oui, je viens d'apprendre le passé proche.

EXERCICES

I.

（　　）内に入る動詞を下の枠内から選び，近接過去を使った文を完成させましょう．

例）直人のパリ滞在が終わったところだ．
　　Le séjour de Naoto à Paris (　vient de finir　).

1) 電車が出発したところです．
　　Le train (　　　　　　　　).

2) 私は空港に着いたところです．
　　Je (　　　　　　) à l'aéroport.

3) 私たちは電話番号を交換したばかりだ．
　　Nous (　　　　　　　　) nos numéros de téléphone.

4) 旅行者たちはヴェルサイユ宮殿の案内付き見学から戻ったところだ．
　　Les touristes (　　　　　　　　) de la visite guidée du château de Versailles.

5) 京都では，祇園祭が始まったところだ．
　　À Kyoto, le festival de Gion (　　　　　　　　).

6) 河瀬直美の新しい映画が出たばかりです．
　　Le nouveau film de Naomi Kawase (　　　　　　　　).

sortir	échanger	partir
commencer	rentrer	arriver

de の後に母音または無音の h で始まる語が続くと，エリジオンして d' になる．この問題のなかでエリジオンするのはこれと・・・これだな．へへへ．

GRAMMAIRE II. 複合過去 (1)
Le passé composé (1)

助動詞 avoir + 過去分詞 で過去の動作・出来事を表します．過去分詞は主語が何であっても変化しません．

> 実はêtreを助動詞にとる複合過去もあるんだけど，それは次のセクションで勉強しよう．ここではavoirを使う複合過去と，過去分詞の作り方を確認するよ．
> その前に，avoirの現在形 (p. 18) の活用は大丈夫かな？

□ 第1群規則動詞 **parler**「話す」の複合過去

j'	ai parlé	nous	avons parlé
tu	as parlé	vous	avez parlé
il / elle	a parlé	ils / elles	ont parlé

● 過去分詞の作り方

・第1群規則動詞：不定詞の語尾 **-er** → **-é**

　　chanter → chant**é**　　　　　travailler → travaill**é**

・第2群規則動詞：不定詞の語尾 **-ir** → **-i**

　　choisir → chois**i**　　　　　finir → fin**i**

・重要な不規則動詞

　　　faire → fait　　　　　　pouvoir → pu
　　　voir → vu　　　　　　　lire → lu
　　　écrire → écrit　　　　　prendre → pris
　　　recevoir → reçu　　　　répondre → répondu
　　　dire → dit　　　　　　　avoir → eu
　　　être → été　　　　　　　*naître → né
　　　*mourir → mort　　　　*venir → venu

> *が付いている動詞の複合過去の作り方は後で確認します．ここでは過去分詞の形だけ見ておいてね．

Situation 3 | Une carte postale de Marseille

EXERCICES Ⅱ.

[ ] 内の動詞を avoir を使う複合過去にしましょう．

例）直人は宿題をするのを忘れた．[oublier]
　　Naoto (　　a oublié　　) de faire ses devoirs.

1) 先月，私たちはスイスを訪れた．[visiter]
　　Le mois dernier, nous (　　　　　　　　) la Suisse.

2) 『モンテ・クリスト伯』を読み終えたのですか？[finir]
　　Vous (　　　　　　　　) *Le Comte de Monte-Cristo* ?

3) 彼はホストファミリーに会いに行くためにバスに乗った．[prendre]
　　Il (　　　　　　　　) le bus pour aller voir sa famille d'accueil.

4) ラファエルに絵葉書を送ったのよ．[envoyer]
　　J' (　　　　　　　　) une carte postale à Raphaël.

5) 彼らはジュネーヴでとても良い週末を過ごした．[passer]
　　Ils (　　　　　　　　) un excellent week-end à Genève.

6) シャルロットからのメールにもう返信した？[répondre]
　　Tu (　　　　) déjà (　　　　　　　　) à l'e-mail de Charlotte ?

7) メラニーは京都からの絵葉書を受け取った．[recevoir]
　　Mélanie (　　　　　　　　) une carte postale de Kyoto.

8) 彼女たちは終電で帰ることができた．[pouvoir]
　　Elles (　　　　　　　　) rentrer par le dernier train.

> avoir と過去分詞の間に déjà を入れると「もう，すでに〜した（ことがある）」となり，経験の有無や完了したかどうかを述べることになるよ．

> Déjà vu（デジャヴュ：既視感）はフランス語だったのか！

複合過去（1）

GRAMMAIRE III． 複合過去（2）
Le passé composé (2)

主に移動や状態の変化を表す動詞は，助動詞に **être** を用いて複合過去を作ります．

> 複合過去のとき être を使う動詞の例です．過去分詞の作り方は前ページや辞書を見てください．

● 助動詞に **être** を使う主な動詞

移動を表す動詞				状態の変化を表す動詞	
aller	行く	partir	出発する	devenir	〜になる
venir	来る	arriver	着く	naître	生まれる
entrer	入る	rentrer	帰る	mourir	死ぬ
sortir	出る	rester	残る		
monter	上る	tomber	落ちる		
descendre	降りる	*passer	通る		

＊ passer が直接目的語を持たない自動詞のときは，多くの場合に助動詞に être を用います．

> 助動詞がêtreの場合，過去分詞を主語に合わせて性数一致させる必要があるので注意しよう．

□ aller 「行く」の複合過去

je	suis	allé(e)	nous	sommes	allé(e)s
tu	es	allé(e)	vous	êtes	allé(e)(s)
il	est	allé	ils	sont	allés
elle	est	allée	elles	sont	allées

Il est allé à l'hôpital pour des examens.　　彼は検査のために病院へ行った．
Kana est née en 1989.　　加奈は1989年に生まれた．
Ils sont venus au Japon il y a vingt ans.　　彼らは20年前日本に来た．

EXERCICES III.

性数の一致に注意して，[ ]内の動詞を être を使う複合過去にしましょう．

例) 直人は今朝マルセイユに向けて出発した．[partir]
　　Naoto (　est parti　) pour Marseille ce matin.

1) 私はバスでエッフェル塔の前を通った．[passer]
　　Je (　　　　　　　　) devant la tour Eiffel en bus.

2) 彼女はフランス語がとても上手になった．[devenir]
　　Elle (　　　　　　　　) très bonne en français.

3) 彼女たちは徒歩で帰宅した．[rentrer]
　　Elles (　　　　　　　　) chez elles à pied.

4) アレクサンドル・デュマは1802年に生まれた．[naître]
　　Alexandre Dumas (　　　　　　　　) en 1802.

5) 私たちは昨日ここに着きました．[arriver]
　　Nous (　　　　　　　　) ici hier.

6) あなたたちはフランスに行ったことがありますか？ [aller]
　　Vous (　　　　　　) déjà (　　　　　　　　) en France ?

7) 淳子と直正は買い物するために出かけた．[sortir]
　　Junko et Naomasa (　　　　　　　　) pour faire des courses.

8) 2日前，祖母が私の家に来た．[venir]
　　Ma grand-mère (　　　　　　　　) chez moi il y a deux jours.

> 1), 5), 6) の文では，主語の性数に応じて，複数の答えが可能です．全部の可能性を考えてみましょう．

GRAMMAIRE

IV. 代名動詞の複合過去
Le passé composé des verbes pronominaux

代名動詞を複合過去にするときも，助動詞に être を使います．複合過去 (2)と同様，主語と過去分詞の性数を一致させるのが原則です．

□ **se lever**「起きる」の複合過去

je	me suis	levé(**e**)	nous	nous	sommes	levé(**e**)**s**
tu	t'es	levé(**e**)	vous	vous	êtes	levé(**e**)(**s**)
il	s'est	levé	ils	se	sont	levé**s**
elle	s'est	levé**e**	elles	se	sont	levé**es**

Kana **s'est levée** à sept heures.　　加奈は7時に起きた．

● 主語と過去分詞の性数を一致させないとき

1) 直接目的語が続く場合（再起代名詞は間接目的語となる）

　　Elle s'est lavé les mains.　　彼女は手を洗った．（lavéeとはならない）

　les mains「手」は代名動詞 se laver の直接目的語です．同様に，se brosser les dents「歯を磨く」でも性数は一致させません．

2) 直接目的語をとらない動詞の場合

　　Ils se sont téléphoné.
　　彼らは電話しあった．（téléphonésとはならない）

　動詞 téléphoner は直接目的語をとらず，téléphoner à... の形で使います．この場合，性数は一致させません．

面倒だから，「手洗い歯磨き電話はみんなするから性数の区別なし」と覚えてしまったらどうだろう？

油断大敵．

56　cinquante-six

Situation 3 │ Une carte postale de Marseille

EXERCICES IV.

[ ] 内の代名動詞を複合過去にしましょう．性数の一致に注意！

例) 彼女は顔を洗った．[se laver]
　　Elle (　　s'est lavé　) le visage.

顔洗いも性数一致しないのか！

1) 僕は南仏旅行のために準備をした．[se préparer]
　　Je (　　　　　　　　) pour mon voyage dans le Sud.

2) 彼らは昨晩電話しあった．[se téléphoner]
　　Ils (　　　　　　　　) hier soir.

3) アリスと直人はマルセイユで出会った．[se rencontrer]
　　Alice et Naoto (　　　　　　　　) à Marseille.

4) 彼らは町を散歩した．[se promener]
　　Ils (　　　　　　　　) en ville.

5) 僕たちはカフェで一休みした．[se reposer]
　　Nous (　　　　　　　　) dans un café.

6) 彼らは互いにネットで連絡することを約束した．[se promettre]
　　Ils (　　　　　　　　) de se contacter sur Internet.

7) 直人は真面目にフランス語を勉強し始めた．[se mettre]
　　Naoto (　　　　　　　　) à étudier sérieusement le français.

8) 加奈は直人がこれほど勤勉なのを見て面白がった．[s'amuser]
　　Kana (　　　　　　　　) de voir Naoto aussi studieux.

7) は，se mettre à + 不定詞で「〜し始める」の意味よ．急にやる気になったわね．ふふ.

パリもマルセイユも, Je me suis bien amusé！（楽しかった！）だもんね．もう少しフランス語ができれば，次に行くときはもっと楽しめるはず！

cinquante-sept 57

代名動詞の複合過去

GRAMMAIRE V. 複合過去の否定形

La forme négative des verbes au passé composé

> 複合過去の否定形は語順を間違えやすいところです．ne と pas の位置，副詞の位置に注意してください．

□ faire 「する」の複合過去の否定形

037

je	n'ai	pas	fait	nous	n'avons	pas	fait
tu	n'as	pas	fait	vous	n'avez	pas	fait
il / elle	n'a	pas	fait	ils / elles	n'ont	pas	fait

□ venir 「来る」の複合過去の否定形

038

je	ne suis	pas	venu(e)	nous	ne sommes	pas	venu(e)s
tu	n'es	pas	venu(e)	vous	n'êtes	pas	venu(e)(s)
il	n'est	pas	venu	ils	ne sont	pas	venus
elle	n'est	pas	venue	elles	ne sont	pas	venues

□ se coucher 「寝る」の複合過去の否定形

039

je	ne me suis	pas	couché(e)	nous	ne nous sommes	pas	couché(e)s
tu	ne t'es	pas	couché(e)	vous	ne vous êtes	pas	couché(e)(s)
il	ne s'est	pas	couché	ils	ne se sont	pas	couchés
elle	ne s'est	pas	couchée	elles	ne se sont	pas	couchées

● 複合過去の否定形とともによく使われる副詞（p. 26を参照）

・「まだ～し（終わっ）ていない」→ encore を使う

　Je **n'ai pas encore** fini mes devoirs. まだ宿題を終えていない．

・「1度も～したことがない」→ pas の代わりに jamais を使う

　Junko **n'est jamais** allée à Hokkaidō.
　淳子は1度も北海道へ行ったことがない．

> ne, te, se の後に母音または無音の h が続くときはエリジオンするんだ．直人，またエリジオン忘れてるぞ．

Situation 3 | Une carte postale de Marseille

EXERCICES V.

フランス語の文を否定文にし，日本語に適した文を作りましょう．

例) Elle est venue me chercher à l'aéroport hier.
　　Elle n'est pas venue me chercher à l'aéroport hier.
　　彼女は昨日私を迎えに空港に来てくれなかった．

1) J'ai pu visiter le château de Rambouillet.

　　私はランブイエ城を見物することができなかった．

2) Caroline est rentrée au Québec l'année dernière.

　　キャロリーヌは昨年ケベックに帰らなかった．

3) Naoto a eu le temps de passer à Aix-en-Provence.

　　直人はエクス＝アン＝プロヴァンスに立ち寄る時間がなかった．

4) Ils sont déjà montés sur la tour Eiffel.

　　彼らはエッフェル塔に1度も登ったことがない．

5) Nous avons échangé nos coordonnées.

　　私たちはまだ連絡先の交換はしていません．

6) Lucie, tu t'es lavé les mains ?

　　リュシー，まだ手を洗っていないの？

> い，今から直そうと思ってたんだよ！　人の答を勝手に見ないでよ！　父さんの発音こそ，ne の発音は「ネ」じゃなくて「ヌ」に近い音なんだよ！

複合過去の否定形

EXPRESSIONS & ASTUCES　役に立つ表現

手紙・メールの定型表現 ① （親しい相手に宛てて絵葉書を書く）

● 絵葉書の表

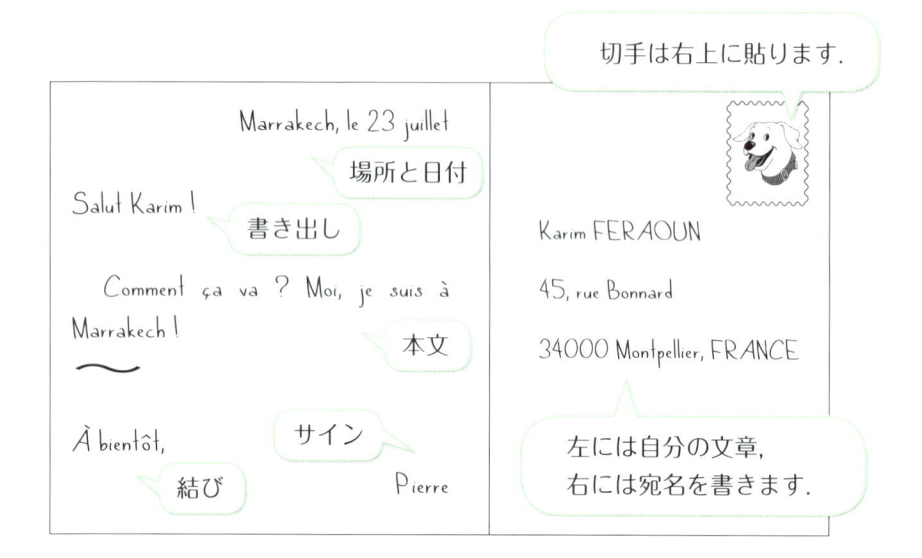

```
Marrakech, le 23 juillet    ← 場所と日付

Salut Karim !    ← 書き出し

Comment ça va ? Moi, je suis à
Marrakech !
                             ← 本文

À bientôt,        ← サイン
  ↑                    Pierre
  結び

Karim FERAOUN
45, rue Bonnard
34000 Montpellier, FRANCE
```

切手は右上に貼ります．

左には自分の文章，右には宛名を書きます．

● 書き出し

Cher Jacques, / Chère Mathilde, / Cher ami, / Chers parents,

家族や友だちなど親しい人に送る場合，Bonjour ! / Salut ! / Coucou ! などのような書き出しも可能です．

● 結び

À bientôt, / Amitiés, / Amicalement,

🎧
041
● 文面の例です．声に出して読み，あなたの旅行体験に合わせて単語を適宜置き換え，絵葉書を書いてみましょう．（日本語訳は解答（p. 10-11）にあります）

Marrakech, le 23 juillet

Salut Karim !

　Comment ça va ? Moi, je suis à Marrakech !
　Je suis arrivé il y a 2 jours. Ici, il fait très beau.
　Hier, j'ai visité le marché traditionnel, et j'ai mangé un bon couscous.

À bientôt,

　　　　　　　　　　　　Pierre

New York, le 7 mars

Chère Charlotte, cher Raphaël,
Comment allez-vous ? Je vous envoie cette carte postale depuis New York. Je viens d'arriver. Je vais faire un stage aux Nations Unies. Hier je me suis promenée dans le centre-ville. C'est une ville fascinante.
Amicalement,

　　　　　　　　　　　　Mélanie

● 単語　Vocabulaire

couscous (*m.*)：クスクス，北アフリカの伝統料理
stage (*m.*)：インターンシップ，研修
les Nations Unies：国際連合
centre-ville (*m.*)：町の中心部
fascinant(e)：魅惑的な

soixante et un　61

Expressions & astuces

THÈME Situation 3 こまぎれ作文

近接過去と複合過去，使い分けられますか？

1) 彼は5日前パリに到着した．

2) 昼に，私はおいしいグラタンを食べました．

3) 私たちはいい感じのカフェで昼食をとりました．

4) 私は風邪をひいて，外出することができなかった．残念！

5) 彼女は昨日イタリアに向けて出発した．

6) 旅行者たちはコルシカに行くために早く起きた．

7) 彼はブイヤベースを食べに行く時間がなかった．

8) 昨日私は美術館に行きました．

9) とても楽しかったです！

10) 私の両親はスイスから帰ったところです．

絵葉書の書き方も分かったし，過去形もちょっとは上達してきたはず．いよいよお世話になったムーランさん一家に絵葉書を書きます！

Situation 3 | Une carte postale de Marseille

Des clefs pour écrire　ヒント

Vocabulaire utile (p. 49) も参考にしてください．

1) 〜日前：il y a ...jours. ここでは文末に置くと良いでしょう．

2) 昼に：à midi. 文頭か文末に置きます．グラタン：gratin (*m.*)

3) いい感じ：sympa(thique) を使います．特定する必要のない「ある1軒の」カフェです．冠詞はどうなりますか．また場所を表す前置詞は何を使えば良いでしょうか．

4) 風邪をひく：attraper un rhume.「残念」は tant pis を使いましょう．

5) 〜に向けて：前置詞 pour を使います．この場合，国名には低冠詞を付けます．

6) 旅行者たち：les touristes「〜するために」は pour + 不定詞です．コルシカ島：Corse (*f.*)

7) 〜する時間がある：avoir le temps de + 不定詞．ブイヤベース：bouillabaisse (*f.*)

8) 「私」は男女どちらの可能性もありますね．

9) とても楽しかった：s'amuser を使うのが定番です．「とても」は bien とします．

10) スイスから帰る：rentrer de Suisse

住所と宛名さえ間違えなければ，あとは多少のミスがあっても，気持ちは伝わるはずよ．がんばって！

PRATIQUE　場面で作文
Situation 3

> ホストファミリーへの絵葉書です．

Marseille, le 3 septembre

Chère famille d'accueil,

Naoto

M. et Mme Moulin
123, rue Maupassant 75016
Paris

僕は3日前にマルセイユに着きました．

1日目にはノートル＝ダム・ド・ラ・ガルド教会を訪れました．

2日目は，イフ島に行きました．

エドモン・ダンテスには会えませんでした．残念，でもとても楽しかった！

今日は，カフェでかわいい子に出会ったばかりです！

彼女の名前はアリスといい，大学で日本語を勉強しています．

僕たちはメールアドレスを交換しました．

僕は南フランスに恋しちゃいました！

さようなら．

Situation 3 | Une carte postale de Marseille

Des clefs pour écrire　ヒント

Vocabulaire utile (p. 49) も参考にしてください.

> Bonjour ! C'est Alice !

- 右寄せで場所・日付を書きます．
- 書き出し：Chère famille (f.) d'accueil とすると「ホストファミリーの皆様」宛です．
- ノートル＝ダム・ド・ラ・ガルド教会：(la basilique) Notre-Dame de la Garde
- イフ島：le Château d'If
- エドモン・ダンテス：Edmond Dantès, Alexandre Dumas の小説『モンテ・クリスト伯』 *Le Comte de Monte-Cristo* の主人公．イフ島はこの小説の重要な舞台．
- 残念，でも…：Tant pis, mais...
- カフェで：どのカフェか特定する必要のない「ある1軒のカフェ」です．冠詞はどうすればいいでしょうか？
- メールアドレス：adresse (f.) e-mail．「誰の」アドレスか分かるように書きましょう．
- 南フランス：le Midi
- 〜に恋に落ちる：tomber amoureux de... 複合過去の助動詞は être です．

> J'étudie le japonais !

過去の出来事を友人に伝えてみましょう．

Situation 4

Une lettre à Charlotte

シャルロットへの手紙 ──過去の出来事を伝える②

Kana: 我が家にホームステイして，1ヶ月前にフランスに帰ったシャルロットに最近の出来事を手紙で報告したい．でもフランス語には過去形がいくつもあって混乱する…，それに手紙の書き方もよく分からない…

これが言いたい！

昨日は七夕でした．

過去の状況を説明するには？
I, II：半過去 (1)(2)　p. 68, p. 70

直人は初めてのフランス旅行から戻りました．

複合過去と半過去の使い分けは？
III：複合過去と半過去の使い分け　p. 72

手紙を書く ⇒ EXPRESSIONS　p. 76

以前直人は大学でフランス語の授業をとったことがありました．

過去のある時点ですでに完了していることを言うには？
IV：大過去　p. 74

使える単語・熟語集 ——Vocabulaire utile——

● 過去を表す exprimer le passé

☐	昨日	hier
☐	一昨日	avant-hier
☐	先週	la semaine dernière
☐	先週末	le week-end dernier
☐	先月	le mois dernier
☐	去年	l'année dernière
☐	当時	alors / à l'époque
☐	かつて，昔	autrefois
☐	90年代に	dans les années quatre-vingt-dix
☐	その日	ce jour-là
☐	その時期	à cette époque(-là)
☐	～前に	il y a ＋ 時間を表す語
☐	ずっと前に	il y a longtemps
☐	～する前に	avant de ＋ 不定詞，または avant ＋ 名詞
☐	～する（した）時	quand / lorsque...
☐	～以来	depuis...

Salut ! C'est Charlotte ! Tu vas bien, Kana ?

soixante-sept

Vocabulaire

GRAMMAIRE
Situation 4
半過去 (1)
L'imparfait (1)

> 半過去はどういうときに使うんだっけ？

半過去は，過去のある時点における状況や，進行中の出来事，習慣的に繰り返された出来事を表すときに用います．ニュアンスは日本語の「〜していた」「〜だった」に近いものです．

半過去の活用語尾はすべての動詞に共通で，**-ais, -ais, -ait, -ions, -iez, -aient** となります．

□ aimer「愛する，好む」の半過去

j'	aim**ais**	nous	aim**ions**
tu	aim**ais**	vous	aim**iez**
il / elle	aim**ait**	ils / elles	aim**aient**

語幹は現在形1人称複数から -ons を除いた形です．
　　finir の場合：nous <u>finiss</u>ons （現在形1人称複数）
　　→ 語幹は finiss → je **finiss**ais （半過去形1人称単数）
ただし être の語幹は例外的に ét- となります．→ j'**ét**ais

● 半過去の用法

1) 過去のある時点における状況・進行中の出来事

　　J'**aimais** le japonais au lycée.　　　私は高校では国語が好きだった．
　　Junko **habitait** alors à Hyōgo.　　　淳子は当時兵庫に住んでいた．
　　Le concert d'hier **était** superbe.　　昨日の演奏会は素晴らしかった．

2) 過去における習慣・反復

　　Kenta et moi, nous **allions** au cinéma chaque samedi.
　　健太と私は，毎土曜日に映画館に行ったものだ．

　　Takanori **chantait** souvent des chansons françaises dans sa jeunesse.
　　孝典は若い頃フランスのシャンソンをよく歌っていた．

> Toi, tu m'aimais et je t'aimais… ♪ （『枯葉』）

EXERCICES I.

[　] 内の動詞を半過去形にし，(　) に入れましょう．

例) 昨日は雪が降っていた．[neiger]
　　Il (　neigeait　) hier.

1) 一昨日は母の誕生日でした．[être]
　　Avant-hier, c'(　　　　　　) l'anniversaire de ma mère.

2) すみません，あなたの言うとおりでした．[avoir]
　　Excusez-moi, vous (　　　　　　) raison.

3) 90年代，私はよくこの歌を聴いていた．[écouter]
　　Dans les années 90, j'(　　　　　　) souvent cette chanson.

4) 昔，日本人は毎日着物を着ていました．[porter]
　　Autrefois, les Japonais (　　　　　　) tous les jours le kimono.

5) その時期，孝典は俳優になることを夢見ていた．[rêver]
　　À cette époque, Takanori (　　　　　　) de devenir acteur.

6) 昨日のパーティーは面白みに欠けていたよ，君が欠席していたから． [manquer, être]
　　La soirée d'hier (　　　　) d'intérêt car tu (　　　　) absent.

7) 彼女は眠っていたが，私たちは起きていた．[dormir, être]
　　Elle (　　　　　　), mais nous (　　　　　　) réveillés.

8) 先週末は，強い風が海の方から吹いていた．[venir]
　　Le week-end dernier, un vent fort (　　　　　　) de la mer.

9) 昨日，シャルロットは駅で弟を待っていた．[attendre]
　　Hier, Charlotte (　　　　　　) son petit frère à la gare.

10) ちょっとお聞きしたいのですが．[vouloir]
　　Je (　　　　　　) vous demander quelque chose.

10) のように，半過去を使って「過去のこと」として表現することで婉曲的に依頼を伝えることもできます．

GRAMMAIRE

II. 半過去 (2)
L'imparfait (2)

> faire の半過去は発音に注意してください．代名動詞の半過去もチェックしておきましょう！

☐ faire「する，作る」の半過去

je	fais**ais** [fəzɛ]	nous	fais**ions** [fəzjɔ̃]
tu	fais**ais** [fəzɛ]	vous	fais**iez** [fəzje]
il / elle	fais**ait** [fəzɛ]	ils / elles	fais**aient** [fəzɛ]

Il **faisait** beau la semaine dernière.　先週は天気が良かった．

● 代名動詞の半過去

☐ se promener「散歩する」の半過去

je	me promen**ais**	nous	nous promen**ions**
tu	te promen**ais**	vous	vous promen**iez**
il / elle	se promen**ait**	ils / elles	se promen**aient**

Je me promen**ais** souvent en ville.　私はよく町を散歩していた．
Ils se téléphon**aient** tous les jours.　彼らは毎日電話しあっていた．

● 半過去の否定形

　現在形の場合と同様に，動詞を ne と pas で挟みます．動詞が母音または無音の h で始まるときは，ne → n' とします．代名動詞の否定形では，特に ne の位置に注意しましょう．

　Mon petit frère **n'**aimait **pas** les maths (=mathématiques).
　弟は数学が好きではなかった．

　Avant, je **ne** m'entendais **pas** bien avec ma sœur aînée.
　以前，僕は姉と上手くいっていなかった．

> 半過去の活用は規則的だから覚えやすそうだけど，複合過去との違いがよく分からないな．

EXERCICES II.

a) [ ] 内の動詞を活用させ，日本語に合う文を完成させましょう．

例) 先週はとても寒かった．[faire]
   Il (faisait   ) très froid la semaine dernière.

1) 高校時代，直人はサッカーをしていた．[faire]
   Naoto (   ) du football quand il était au lycée.

2) その日，私はセーヌ川沿いを散歩していた．[se promener]
   Ce jour-là, je (   ) le long de la Seine.

3) 1匹の子猫が木の陰に隠れていた．[se cacher]
   Un chaton (   ) dans l'ombre d'un arbre.

b) 下線部を否定形にし，日本語に合うように全文を書き直しましょう．

例) <u>J'étais</u> très sage quand j'étais petit.
   Je n'étais pas très sage quand j'étais petit.
   小さい頃，私はあまり良い子ではなかった．

1) Quand j'étais lycéen, <u>j'aimais</u> l'anglais.

   高校生の時は，英語が好きではなかった．

2) <u>Nous étions</u> chez nous le week-end dernier.

   私たちは先週家にいませんでした．

3) <u>Il s'entendait</u> bien avec sa femme.

   彼は奥さんと上手くいっていなかった．

では次のページでは半過去と複合過去の使い分けを詳しく見ましょう．

半過去（2）

GRAMMAIRE III　複合過去と半過去の使い分け
Le passé composé et l'imparfait

複合過去は完了した行為を，半過去は進行中・継続中で未完了の状況を表します．

Ce dimanche, il <u>faisait</u> beau. Nicolas <u>a fait</u> la lessive.
その日曜日は天気が良<u>かった</u>．ニコラは洗濯を<u>した</u>．

　上の文の下線部は faire の半過去，波線部は複合過去です．複合過去は現在から過去を振り返り，過去のある時点で完了した行為や出来事（「〜した」）を表しているのに対し，半過去は過去のある時点において継続中の状況（「〜だった」）を表します．

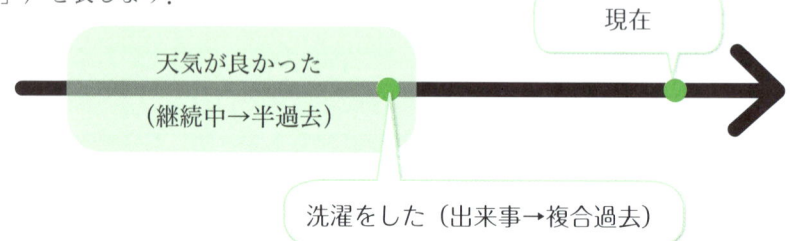

天気が良かった（継続中→半過去）
現在
洗濯をした（出来事→複合過去）

Nicolas <u>faisait</u> la lessive quand le téléphone <u>a sonné</u>.
ニコラが洗濯を<u>していた</u>とき，電話が<u>鳴った</u>．

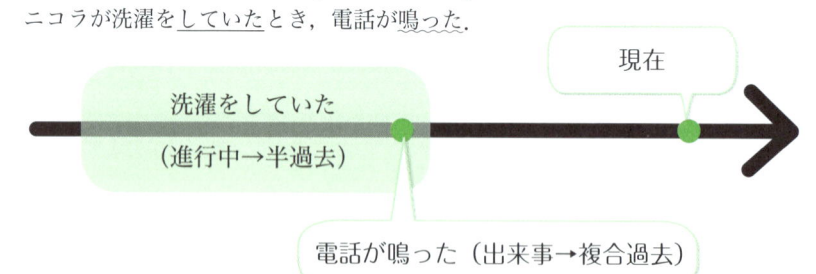

洗濯をしていた（進行中→半過去）
現在
電話が鳴った（出来事→複合過去）

● 経験を表す複合過去，過去の習慣を表す半過去

Alice <u>est déjà allée</u> en Italie. アリスはすでにイタリアに行った<u>ことがある</u>．
Alice <u>allait souvent</u> en Italie. アリスはイタリアに<u>よく行っていた</u>．

　複合過去は「した」という 1 回きりの完了した行為以外に，「したことがある」という過去の経験を表します（上の文）．
半過去を用いると，過去の習慣を表します（下の文）．

EXERCICES III.

日本語に合うように，[ ]内の動詞を複合過去，半過去のいずれかに活用させて（ ）に入れ，文を完成させましょう．
050

例） 直人が生まれたとき，姉の加奈は5歳だった．[naître, avoir]
Quand Naoto (est né), sa sœur, Kana, (avait) cinq ans.

1) 昨日は七夕だった．私は浴衣を着た．[être, porter]
Hier, c'(   ) la fête de *Tanabata*. J'(   ) un *yukata*.

2) シャルロットは1年間イタリア語を学んだことがある．[faire]
Charlotte (   ) de l'italien pendant un an.

3) 淳子がシャルル・ド・ゴール空港に着いたときには大雪だった．
[neiger, arriver]
Il (   ) beaucoup quand Junko (   ) à l'aéroport Charles-de-Gaulle.

4) マチルドが買い物に行こうとしていたら，雨が降り始めた．
[aller, commencer]
Mathilde (   ) faire les courses quand il (   ) à pleuvoir.

5) 僕はサッカークラブをやめた．コーチと上手くいっていなかったからだ．
[quitter, s'entendre]
J' (   ) le club de foot parce que je ne (   ) pas bien avec mon entraîneur.

6) 彼らはジャズに目覚める前はロックが大好きで，よくエレキギターを弾いていた．[adorer, jouer]
Avant de découvrir le jazz, ils (   ) le rock et ils (   ) souvent de la guitare électrique.

文をよく読んで，複合過去と半過去の違いを感じとってくださいね．

soixante-treize 73

複合過去と半過去の使い分け

GRAMMAIRE IV. 大過去
Le plus-que-parfait

大過去の構成は，**助動詞 avoir または être の半過去 ＋ 過去分詞** です．

□ préparer「準備する」の大過去

j'	avais	préparé	nous	avions	préparé
tu	avais	préparé	vous	aviez	préparé
il / elle	avait	préparé	ils / elles	avaient	préparé

大過去は，過去のある時点においてすでに完了していた出来事を表します．たとえば，

淳子が帰ってきたとき，食事はすでに出来ていた．驚いたことに，夫と息子がドーフィネ風グラタンを作ってくれていたのだ．

これをフランス語で言うには，3種類の過去時制が必要です．時間軸で表すとこのようになります．

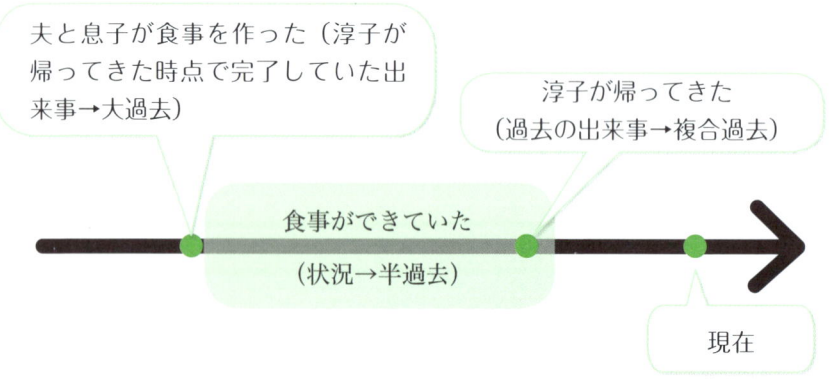

- 夫と息子が食事を作った（淳子が帰ってきた時点で完了していた出来事→大過去）
- 食事ができていた（状況→半過去）
- 淳子が帰ってきた（過去の出来事→複合過去）
- 現在

フランス語を確認しましょう．

Quand Junko **est rentrée**, le repas **était** déjà prêt. À sa grande surprise, son mari et son fils **avaient préparé** un gratin dauphinois.

半過去は「過去における現在」．半過去＋過去分詞でできている大過去は，「過去のある時点よりさらに前の過去」と考えればいいですね．

EXERCICES IV.

日本語に合うように，[　]内の動詞を大過去に活用させて（　）に入れ，文を完成させましょう．

例) 冷蔵庫の中に何もなかった．リュシーが買い物をし忘れたのだ．[oublier]
Il n'y avait rien dans le frigo. Lucie (　avait oublié　) de faire les courses.

1) ニコラは大きなテレビを買っていたのに，使っていなかった．[acheter]
Nicolas (　　　　　　) une grande télé mais il ne l'utilisait pas.

2) 彼女は日本語をとても上手に話していた．大学でこの言語を勉強したことがあったのだ． [étudier]
Elle parlait très bien japonais. Elle (　　　　　　) cette langue à l'université.

3) 警察が到着したときには，犯人たちは姿を消してしまっていた． [disparaître]
Quand la police est arrivée, les criminels (　　　　　　).

> disparaître の過去分詞は disparu, 下の vivre の過去分詞は vécu です．

4) この記者は日本をよく知っていた．この国で10年暮らしたことがあったのだ． [vivre]
Ce journaliste connaissait bien le Japon. Il (　　　　　　) dix ans dans ce pays.

5) 私たちが駅に着いたとき，電車はもう出ていました． [partir]
Le train (　　　　) déjà (　　　　　　) quand nous sommes arrivés à la gare.

> déjà などの副詞は助動詞 avoir / être と過去分詞の間に入れるんだった．avoir と être の使い分けにも気をつけなくちゃ！

EXPRESSIONS & ASTUCES 役に立つ表現

手紙・メールの定型表現② (親しい相手に宛てて手紙を書く)

● 封筒の書き方

```
Monsieur Olivier MOULIN
123, rue Maupassant
75016 Paris, FRANCE
```

```
Exp. Naoto MIYAMA
1-2-3, Daibutsu, Kamakura, 248-0000 JAPON
```

● 書き出し

Cher Nicolas, / Chère Alice, / Chers amis,

などと左寄せで書き、1行空けて本文を書き始めます。

● 時間の経過に言及する

Ça fait déjà trois ans et demi que tu es parti(e).
あなたが出発してもう3年半になります。

Le temps passe vite.　　　　　時間が経つのは早いね。

● 近況を伝える

Ici, tout se passe bien.　　　　こちらは全て順調です。

Nous sommes tous en pleine forme. 私たちは皆元気です。

● 人のつながりを示す

・être / rester en contact avec…　　～と連絡をとる／とり続けている

　Je **reste en contact avec** mes amis sur un réseau social.
　私は友人たちとSNS上で連絡をとり合っている。

・être / devenir ami(e) avec…　　～と親しい／親しくなる

　Mes parents **sont amis avec** un célèbre peintre.
　私の両親はある有名な画家と親しい。

Situation 4 | Une lettre à Charlotte

- s'entendre bien avec... 　　　　　　～と良い関係を保つ，仲が良い

    Je **m'entends bien avec** mon petit frère.　　私は弟と仲が良い．

- être amoureux(-se) de… 　　　　　　～のことが好き，～に恋している
- sortir avec... 　　　　　　　　　　　～と付きあっている

    Charlotte **sort avec** Raphaël depuis longtemps.
    シャルロットは前からラファエルと付きあっている．

- rompre avec... 　　　　　　　　　　　～と別れる
- épouser… / se marier (avec…) 　　　（～と）結婚する

● 想いを伝える

   Toute ma famille pense à toi.
   家族みんながあなたのことを思っています．

   J'espère te revoir.　　　　　　　またあなたに会いたいと思っています．
   　　　　　　　　　　　　　　　（目的語人称代名詞：p. 122 を参照）

● 近況をたずねる／～によろしくと言う

   Donne-moi de＊ tes nouvelles.　　近況を知らせてね．
   　　　　　　＊ deは部分を表す小辞．「ニュースの一部」を意味する．

   Dis bonjour à Mélanie.　　　　　メラニーによろしく．

● 結び

   À bientôt, / (Bien) amicalement, / Amitiés,

J'espère te revoir.

soixante-dix-sept 77

THÈME こまぎれ作文

Situation 4

> 近接過去, 複合過去, 半過去に大過去だな.

1) 6ヶ月前, 彼女たちはフランスへ帰った.

2) 私たちは大いに楽しんだ.

3) 昨晩, 加奈は健太に電話をしなかった.

4) 孝典は若い頃フランスの映画をよく観たものだった.

5) 日本では, 梅雨が始まったところだ.

6) 去年, リュシーは大学で日本語の授業をとった.

7) 昨日はひな祭りだった.

8) 加奈が家に帰ったときには, 彼女の家族はグラタンをもう食べてしまっていた.

9) 彼女が高校生だったとき, このロックバンドはとても人気だった.

> 始まりや終わりの時点が明らかな出来事は複合過去, いつ始まって, いつ終わったのか明らかではない出来事は半過去と考えよう.

Situation 4 | Une lettre à Charlotte

Des clefs pour écrire　ヒント

Vocabulaire utile (p. 67) も参考にしてください．

1) 帰る：ここでは retourner と rentrer の両方が可能です．主語と過去分詞の性数一致はできていますか？

2) 楽しむ：s'amuser を使います．主語の性数によって過去分詞の語尾が変化します．

3) 昨晩：hier soir

4) 過去において反復された行為です．「フランス映画をよく観た」は「たくさんのフランス映画を観た」と言い換えましょう．

5) 「～ところだ」を近接過去（p. 50）で表しましょう．梅雨：la saison des pluies

6) 日本語の授業をとる：prendre des cours de japonais です．ここでは複数の授業を想定しているので，冠詞はdesとなります．このように，日本語に現れない情報がフランス語の文を作るときに必要となることがあります．

7) ひな祭り：la fête des poupées

8) グラタンを（ぜんぶ）食べてしまう：finir le gratin

9) ロックバンド：groupe (*m.*) de rock

PRATIQUE 場面で作文

Charlotte に手紙を書くぞ！

シャルロット，お元気ですか．

あなたがフランスに帰ってもう1ヶ月です．時の経つのは早いですね！

ここ鎌倉では，全て順調です．昨日は七夕でした．私は浴衣を着ました．

直人が初めてのフランス旅行から帰って来ました．マルセイユでかわいいフランス人女性と出会って，SNSで連絡をとっています．

旅行の前も，彼は大学でフランス語の授業をとっていたけれど，当時はあまり勉強しませんでした．帰国以来，彼はフランス語の勉強を再開する気満々です！

で私は，健太と別れたばかりです…．でも，もう気持ちは切り替えました！

近いうちにあなたにまた会いたいです．近況を知らせてね．

じゃあまたね．

加奈

Des clefs pour écrire　ヒント

Vocabulaire utile (p. 67) も参考にしてください．

- 親しみをこめて tu を使いましょう．
- 帰る：加奈から見てシャルロットが国に帰るのは retourner を，直人が日本に帰って来るのには rentrer を用いるのが自然です．
- 七夕：la fête de *Tanabata*
- 「初めての」→「第１番目の」と考えましょう．
- 帰国：retour (*m.*)
- ～する気満々：être motivé pour ...
- フランス語の勉強を再開する：reprendre l'étude du français
- 「気持ちを切り替える」→ 本にたとえて「ページをめくる」tourner la page と言います．もう：déjà
- 近いうちに：bientôt
- 「会いたい」のは誰なのかを考えて主語を決めましょう．

Oh, une lettre de Kana !

過去形を使い分けて，旅行の経験について作文してみましょう．

Intervalle 1　重文・複文

La phrase complexe

> ここまで作ってきた主語1つ・動詞1つの文を「単文」と言います．単文を2つ組み合わせるともっと色々なことが表現できますよ．

● 2つの単文を接続詞でつなげる

- **et**　そして
  Je suis employé de bureau, **et** je travaille à Kobe.
  私は会社員で，神戸で働いています．

- **ou**　または，あるいは
  Après son travail, Kana rentre chez elle **ou** (elle) va au club de sport.
  仕事の後，加奈は帰宅するか，スポーツクラブに行く．

- **mais**　だが，しかし
  Junko n'est pas très bonne en conjugaison, **mais** elle est forte en conversation.
  淳子は活用はあまり得意ではないが，会話は上手だ．

- **donc**　だから，つまり
  Il vient de partir, **donc** il ne doit pas être très loin.
  彼は出発したばかりだから，まだそう遠くには行っていないはずだ．

- **puis**　次に，それから
  Nous avons déjeuné dans un café, **puis** nous sommes allés au cinéma.
  我々はカフェで昼食をとり，それから映画に行った．

- **alors**　それで
  Il n'y avait plus de train, **alors** on a pris un taxi.
  もう電車がなかった。それでタクシーに乗った．

> 接続詞があると話の論理関係が整理されて分かりやすくなるわ．et の後には母音が続いても，リエゾンしてはいけないのね．

● **重文：１つの単文（主節）に接続詞や前置詞＋queの形で条件や状況説明が添えられる文**

- **si**　もし〜なら

  Si tu aimes le vin, allons boire un beaujolais nouveau.
  もしワインが好きなら，ボージョレ・ヌーヴォーを飲みに行きましょう．

- **quand**　〜の時に

  Charlotte a commencé à étudier le japonais **quand** elle était lycéenne.
  高校生の時に，シャルロットは日本語の勉強を始めた．

- **lorsque**　〜の時（quandより改まった表現）

  Lorsque Kana est rentrée, son grand-père regardait un film de Jean Renoir.
  加奈が家に帰ると，彼女の祖父はジャン・ルノワールの映画を見ていた．

- **pendant que**　〜の間に

  Pendant que Charlotte faisait sa valise, les Miyama ont préparé un dîner-surprise pour elle.
  シャルロットが荷造りをしている間，美山一家は彼女のためにサプライズディナーの準備をした．

- **alors que**　〜なのに

  Il parle très bien français, **alors qu'**il n'est jamais allé en France.
  フランスに行ったことがないのに，彼はとても上手にフランス語を話す．

日本語の語順と常に同じ順番になるとは限らないんだね．

● 複文：主節の主語 ＋ 動詞 ＋ que ＋ 従属節の主語＋動詞

- **penser que**　〜だと思う
  Je **pense que** tu as raison.
  　君が正しいと思う．（考え・意見）

- **croire que**　〜だと思う
  Je **crois que** ce roman est de Victor Hugo.
  　その小説はヴィクトル・ユゴーの作品だと思います．
  　（penserより確実性が低い場合，または控え目な表現）

- **trouver que**　〜だと思う
  Je **trouve que** ce film n'est pas très intéressant.
  　この映画はあまり面白くないと思う．（印象・直感）

- **espérer que**　〜と期待する，（良い出来事について）〜と思う
  J'**espère que** Junko va obtenir le diplôme d'« expert en vins ».
  　淳子は「ワインエキスパート」の資格を取れると思う．

がんばるわよ〜

- **dire que**　〜だと言う
  Mes amis français **disent que** tu parles très bien français.
  　私のフランス人の友人たちは，君はフランス語がとても上手だって言っているよ．

＊これらの表現では，主節が否定文・疑問文のとき，que 以下の節内の動詞はしばしば接続法になります．接続法に関しては Intervalle (3) (p. 204) を参照してください．

自分の意見と第三者の意見・発言や一般論をきちんと区別して伝えるのは当然．社会人としてはこのあたりの表現をきちんと使いこなしたいな．

EXERCICES

（　　）内に適切な単語を入れましょう．

1) パリで，直人はルーヴル美術館を訪れ，エッフェル塔に登った．
   À Paris, Naoto a visité le musée du Louvre (　　　　) il est monté sur la tour Eiffel.

2) 銀行に就職した時，直正は22歳だった．
   Naomasa avait vingt-deux ans (　　　　) il a obtenu un emploi dans une banque.

3) 君は試験勉強をすべきだと僕は思うね．
   Je (　　　) (　　　　) tu dois préparer ton examen.

4) リュシーは肉は好きではないが，卵は大好きだ．
   Lucie n'aime pas la viande (　　　　) elle aime beaucoup les œufs.

5) 皆さんお元気のことと存じます．
   Nous (　　　) (　　　　) tout le monde va bien chez vous.

6) ジャンヌ・モローがお好きなら，ピーター・ブルックの『雨のしのび逢い』はご覧になりましたか？
   (　　　　) vous aimez Jeanne Moreau, vous avez vu le film *Moderato cantabile* de Peter Brook ?

7) ニコラが買い物をしている間に，ポーリーヌは映画館に行った．
   (　　　) (　　　　) Nicolas faisait des courses, Pauline est allée au cinéma.

まずは穴埋め練習．その次は全体を音読練習ね！

Situation 5

Je suis guide bénévole à Kamakura
鎌倉の観光ボランティアです —— たずねる

Naomasa: 観光ボランティアとしてフランス人旅行者に鎌倉の町を案内することに．相手の好みやコンディション，感想について質問できるようにしておかないと！

これが言いたい！

このお寺をご存じですか？

丁寧にたずねるには？
Ⅰ：疑問文　　　　　　p. 88

「この，その，あの」？
Ⅱ：指示形容詞・指示代名詞　p. 90

今夜は何を食べたいですか？

どんな・誰・何をたずねるには？
Ⅲ, Ⅳ：疑問形容詞・疑問代名詞　p. 92, p. 94

どこに行きたいですか？

場所や時間をたずねるには？
Ⅴ：疑問副詞　　　　　p. 96

観光ガイドに役立つ会話例 ⇒ EXPRESSIONS　p. 98

使える単語・熟語集 ——Vocabulaire utile——

● 文化・芸術　culture (f.) et art (m.)

- ☐ 世界遺産　　　patrimoine (m.) mondial
- ☐ 国宝　　　　　trésor (m.) national
- ☐ 人間国宝　　　trésor (m.) national vivant
- ☐ 演劇　　　　　pièce (f.) de théâtre
- ☐ 歌舞伎（能）の公演　　représentation (f.) de kabuki (de nō)
- ☐ 展覧会　　　　exposition (f.)
- ☐ 彫像　　　　　statue (f.)
- ☐ 絵画　　　　　peinture (f.) / tableau (m.)
- ☐ 庭園　　　　　jardin (m.)
- ☐ 歴史的建造物　monument (m.) historique
- ☐ 演奏会・コンサート・ライブ　　concert (m.)

● ほめるときに使う形容詞　adjectifs (m.) mélioratifs

- ☐ 面白い，興味深い　intéressant(e)
- ☐ 有名な　　　　célèbre
- ☐ 印象的・感動的な　impressionnant(e)
- ☐ 〜を代表する　représentatif(-ve) de ...
- ☐ 素晴らしい　　merveilleux(-se) / magnifique
- ☐ とても美味しい　délicieux(-se)
- ☐ 見逃せない　　incontournable

いつも《 C'est intéressant. 》で済まさずに，的確な形容詞が使えるといいね．

quatre-vingt-sept 87

Vocabulaire

GRAMMAIRE
Situation 5

疑問文
Les phrases interrogatives

疑問文の作り方には，3通りあります．

1) 文末に？をつける：会話でよく使われます．文末は上げて発音します．

   Vous aimez la cuisine japonaise ?　　和食はお好きですか？

2) **est-ce que** (または **qu'**) を文頭に置く：より丁寧になります．

   Est-ce que vous aimez la cuisine japonaise ?

3) 主語と動詞を倒置し，トレデュニオンでつなぐ：改まった表現です．

   Aimez-vous la cuisine japonaise ?（倒置疑問文）

   3人称単数で動詞の語尾が -a, -e で終わるときには -t- をはさみます．

   Va-**t**-il à Paris le mois prochain ?　　彼は来月パリに行くのでしょうか？

会話では est-ce que を付けると質問だと分かってもらいやすいですね．倒置疑問は，書き言葉や改まった会話で使います．アンケートをとるときに使ってみては？

● 主語が人称代名詞以外（普通名詞・固有名詞）の倒置疑問

主語は動かさず，代名詞に置き換えてから倒置させます．

Sabrina et Paul aiment-**ils** la cuisine chinoise ?

Votre fille aime-**t-elle** la cuisine chinoise ?

サブリナとポールは／あなたの娘さんは，中華料理がお好きですか？

● 複合過去形の倒置疑問文：助動詞と主語を倒置させます．

Avez-vous aimé le temple Kinkaku-ji ?　　金閣寺はお気に召しましたか？

● 否定疑問：「〜ではないのですか？」

　— Karim **n'est pas** là ? — **Si**, il est là. / **Non**, il n'est pas là.

　「カリム君はいないの？」　「いいえ，いますよ．／はい，いません」

EXERCICES I.

（　）内の指示に従って，疑問文を書き換えましょう．

例）浅草寺を知っている？　　（ est-ce que を使って ）
Connais-tu le temple Sensō-ji ?
→　　Est-ce que tu connais le temple Sensō-ji ?

1) 彼女は自分の部屋にいますか？　　（ est-ce que を使って ）
Elle est dans sa chambre ?

→

2) 北斎の絵に興味はありますか？　（倒置疑問に）
Est-ce que la peinture de Hokusaï vous intéresse ?

→

3) 江戸東京博物館は今日閉まっているのですか？　　（倒置疑問に）
Est-ce que le musée Edo-Tokyo est fermé aujourd'hui ?

→

4) 歌舞伎の公演を観たことがありますか？　（倒置疑問に）
Vous avez déjà vu une représentation de kabuki ?

→

5) 奈良に行ったことがありますか？　（倒置疑問に）
Est-ce que vous êtes déjà allé à Nara ?

→

6) サブリナはリヨンを訪れたことはあるのですか？　（倒置疑問に）
Sabrina a déjà visité Lyon ?

→

> t を挟むなんて面倒だと思ったけど，母音が連続すると発音しにくいから入れるんだね．ガイドの当日までに発音練習もしておくか〜．

quatre-vingt-neuf　89

疑問文

GRAMMAIRE
Situation 5　II.　指示形容詞・指示代名詞
Les adjectifs et les pronoms démonstratifs

● 指示形容詞

「この」「その」と指し示すときに用います．名詞の性数によって変化させます．

	単数	複数
男性	ce (cet)	ces
女性	cette	

ce garçon, **cette** fille, **ces** enfants

母音字または無音の h で始まる男性名詞の前では，母音が連続するのを避けるため男性第2形 cet を用い，リエゾンします．

cet étudiant, **cet** hôtel

● 指示代名詞

指示代名詞の使用により，名詞の繰り返しを避けることができます．それが指し示す名詞の性数によって使い分けます．

Cette voiture est **celle** de mon père.
この車は父のものです．
（celle = voiture 女性単数）

	単数	複数
男性	celui	ceux
女性	celle	celles

遠近の対比を示したいときには，-ci（こちら）／-là（そちら）を付けます．

Entre ces deux tableaux, préfères-tu **celui-ci** ou **celui-là** ?
この2つの絵画のうち，こちらが好きですか，それともあちらですか？

c'est / ce sont の ce も指示代名詞ですね．

そうだったのか！

EXERCICES II.

( ) 内に適当な指示形容詞・指示代名詞を入れましょう．

例) この芝居がとても好きです．
　　J'aime beaucoup (cette) pièce de théâtre.

1) この神社にはとても長い歴史があります．
　　( ) sanctuaire a une très longue histoire.

2) 「歌麿の絵は気に入った？」「うん，でも僕は広重の方が好きだな」
　　— Tu as aimé les tableaux d'Utamaro ?
　　— Oui, mais je préfère ( ) de Hiroshige.

3) この女性歌手は日本ではとても有名です．
　　( ) chanteuse est très célèbre au Japon.

4) この日本人の職人は人間国宝の称号を持っている．
　　( ) artisan japonais possède le titre de trésor national vivant.

5) その2つの能の公演は素晴らしかったです！
　　( ) deux représentations de nō étaient merveilleuses !

6) 手塚治虫の漫画がここに2冊あります．こちらの方が好きですか，それともそちらの方が好きですか？
　　Voici deux mangas d'Osamu Tezuka. Préfères-tu ( )-ci ou ( )-là ?

7) この大仏は鎌倉の大仏より大きいんですよ．
　　( ) statue de Bouddha est plus grande que ( ) de Kamakura.

> 一般的に，指示代名詞の後には① 前置詞 de ② 関係代名詞 (p. 158, p. 160) ③ -ci, -là（対比表現）のいずれかが来ます．
> 比較級 (p. 106 を参照) と一緒にもよく使いますね．

GRAMMAIRE III. 疑問形容詞・疑問代名詞 (1) lequel

Les adjectifs interrogatifs et les pronoms interrogatifs (1) lequel

● 疑問形容詞 quel

「どんな〜」「どの〜」とたずねるときに用います．〜にあたる名詞の性数に合わせて形を変えます．発音は変わりません．

男性単数	女性単数	男性複数	女性複数
quel	**quelle**	**quels**	**quelles**

Quel jour sommes-nous aujourd'hui ?　今日は何曜日ですか？

Quelle heure est-il ?　　　　　　　　今何時ですか？

jour は男性名詞単数，heure は女性名詞単数です．

疑問形容詞の後に動詞 être を続けることもあります．疑問形容詞の性数と être の数（常に3人称）は，後の名詞に合わせます．

Quelle est la spécialité de Kamakura ?　鎌倉の名産は何ですか？

Quels sont les sites incontournables d'Osaka ?
大阪の見逃せない観光名所は何ですか？

> 発音は同じでも quel と書いた時点で男性単数に確定されるわけだ．リエゾンもあるし，やはり名詞を含めた文全体を覚えた方が使えそうだな．

● 疑問代名詞 lequel

2つ以上の中から「どれ」「どちら」とたずねるときに用います．

男性単数	女性単数	男性複数	女性複数
lequel	**laquelle**	**lesquels**	**lesquelles**

De ces trois kimonos, **lequel** préférez-vous ?
これら3枚の着物のうち，どれがお好きですか？

— Je vais prendre une entrée.　— **Laquelle** ?
「前菜をとろうかな」　　　　　　「どの前菜？」

92　quatre-vingt-douze

Situation 5 ｜ Je suis guide bénévole à Kamakura

EXERCICES III.

（　）内に適当な疑問形容詞または疑問代名詞を入れましょう． 🎧 058

例) 最近，パリはどんな天気ですか？
　　(Quel) temps fait-il à Paris en ce moment ?

1) 君の携帯の番号は何番？
　　(　　　　　　) est ton numéro de portable ?

2) これらの寺院のうち，どれがお好みですか？
　　De ces temples, (　　　　　　) est-ce que tu préfères ?

3) みなさんはどういうジャンルの音楽が好きですか？
　　(　　　　　　) genre de musique aimez-vous ?

4) 甘味処が2軒あります．どちらに興味がありますか？
　　Il y a deux salons de thé japonais. (　　　　　　) vous intéresse le plus ?

5) 君はどういうアーティストが好き？
　　Tu aimes (　　　　　　) artistes ?

6) どの航空会社をよく利用していますか？
　　(　　　　　　) compagnie aérienne utilisez-vous souvent ?

7) 大阪，京都と奈良．どの町を初めに見学したいですか？
　　Osaka, Kyoto et Nara. (　　　　　　) de ces villes souhaitez-vous d'abord visiter ?

8) あなた方の泊まっているホテルの名前はなんて言うのですか？
　　(　　　　　　) est le nom de votre hôtel ?

> 動詞の活用は完璧なお父さんも，名詞の性数を常に意識するのは大変みたいね．

> でも活用ができると主語を替えても応用が利くから強いのよ．直正さん，自分が訊かれそう・使いそうな例文から覚えていけばいいんですよ！

疑問形容詞・疑問代名詞（1）lequel

GRAMMAIRE IV. 疑問代名詞 (2) qui, que

Les pronoms interrogatifs (2) qui, que

「誰／何が（主語）」「誰／何を（目的語）」をたずねるときには疑問代名詞を用います．単純形（qui / que）と複合形があります．

● 人についてたずねる

- 「誰が」（主語）： **qui est-ce qui** または **qui**

    Qui est-ce qui a construit le Kinkaku-ji ? = **Qui** a construit le Kinkaku-ji ?
    誰が金閣寺を建てたのですか？（単純形 qui のみでも可）

- 「誰を」（直接目的語）： **qui est-ce que** または **qui**

    Qui est-ce que tu attends ? = **Qui** attends-tu ?
    誰を待っているの？（qui の場合は倒置疑問）

- 「誰に à」「誰と avec」「誰について de」：前置詞 + **qui**

    — **Avec qui** vas-tu au théâtre ce soir ? — Avec Paul.
    「今晩誰と劇場に行くの？」　　　　　　「ポールと」

● 物・出来事・考えなどについてたずねる

- 「何が」（主語）： **qu'est-ce qui**

    Qu'est-ce qui vous a particulièrement intéressé ici ?
    ここで何が特別にあなたの興味をひきましたか？

- 「何を」（直接目的語）： **qu'est-ce que** または **que**

    Qu'est-ce que tu fais ici ? = **Que** fais-tu ici ?
    ここで何をしているの？（que でも置き換えられるが，後ろは倒置疑問）

- 「何に à」「何について de」「何のために pour」：前置詞 + **quoi**

    — **De quoi** parle ce film ? — Il parle de la vie d'un samouraï.
    「この映画は何についての話ですか？」「ある武士の生涯についてです」

複合形では qui とか que とか，同じ語を繰り返すのですか？

最初の qui / que は「人／物」の区別で，後ろは「主語／目的語」の区別．役割が違うんです．

EXERCICES IV.

（　　）に適当な疑問代名詞を入れましょう．複合形と置き換え可能なときは両方を答えましょう．

例） お休み中は何をしますか？
（ Qu'est-ce que ） vous allez faire pendant les vacances ?

1) この展覧会についてどうお考えですか？
（　　　　　　　　） pensez-vous de cette exposition ?

2) 「誰のためにこのおみやげを買ったの？」「アリスのため」
— （　　　　　　　　） as-tu acheté ce souvenir ? — Pour Alice.

3) 今夜は何を食べたい？
（　　　　　　　　） tu veux manger ce soir ?

4) 「何の話をしているのですか？」「私たちの旅行の話です」
— （　　　　　　　　） parlez-vous ? — De notre voyage.

5) 好きな作家は誰ですか？
（　　　　　　　　） vous aimez comme écrivain ?

6) 何が起こったの？
（　　　　　　　　） s'est passé ?

7) 「誰を探しているのですか？」「ムーランさんを探しています」
— （　　　　　　　　） cherchez-vous ? — Je cherche M. Moulin.

8) 「誰が車を運転しますか？」「加奈ですよ」
— （　　　　　　　　） conduit ? — C'est Kana.

9) 「誰と奈良に行くの？」「友だちとだよ」
— （　　　　　　　　） tu vas à Nara ? — Avec des amis.

10) 「何を考えているの？」「日本のことだよ」
— （　　　　　　　　） penses-tu ? — Au Japon.

前置詞付きの疑問詞に対しては，答える側も前置詞を付けて答えます．

quatre-vingt-quinze　95

疑問代名詞（2）qui, que

GRAMMAIRE V. 疑問副詞
Les adverbes interrogatifs

最後に，以下の5つの疑問副詞を使えるように練習すれば，たずねられることが一気に広がります．3種類の疑問文と組み合わせてみましょう．

- **où**：「どこ」（場所）

  Où est-ce que vous allez ? 　　　どこに行くのですか？

- **quand**：「いつ」（時間）

  Quand est-ce que vous partez ? 　いつ出発しますか？

- **comment**：「どのように」（手段・様子）

  Comment ça va ? 　　　　　　　元気ですか？

  Comment vas-tu à Kanazawa ? 　　金沢にどうやって行くの？

- **combien**：「いくつ・いくら」（数・量）

  Combien coûte ce catalogue ? 　　このカタログはいくらですか？

  Combien de fois as-tu visité Tokyo ? 東京を何度訪れた？

- **pourquoi**：「なぜ」（原因・理由）

  Pourquoi est-elle absente ? 　　　どうして彼女は欠席しているの？

  — **Parce qu'**elle est très occupée. 　とても忙しいからね．

  ＊pourquoi で始まる疑問文に対しては parce que「なぜなら～だから」で答えます．

物の値段を訊くときは c'est combien ? だよね．

そうだね．会話では倒置せず，疑問副詞を文末に置くこともある．色々な文型に慣れておきたいね．

96　quatre-vingt-seize

Situation 5 | Je suis guide bénévole à Kamakura

EXERCICES V.

（　）内に適当な疑問副詞を入れましょう．

例）彼はどこに住んでいますか？
　　（　Où　）habite-t-il ?

1) 「このマンガはいくらですか？」「12ユーロです」
　— (　　　　　　　　) coûte cette bande dessinée ? — 12 euros.

2) 「直人はいつ日本に帰るのですか？」「来週帰ります」
　— (　　　　　　　　) est-ce que Naoto rentre au Japon ?
　— Il rentre la semaine prochaine.

3) 「この展覧会をどう思いましたか？」「印象深かったです」
　— (　　　　　　　　) avez-vous trouvé cette exposition ?
　— C'était impressionnant.

4) 「この公園には何本の桜がありますか？」「680本あります」
　— (　　　　　　　　) de cerisiers y a-t-il dans ce parc ?
　— Il y a six cent quatre-vingts cerisiers.

5) 「なぜ日本に来られたのですか？」「日本文学を勉強したいからです」
　— (　　　　　　　　) est-ce que vous êtes venu au Japon ?
　— Parce que je veux étudier la littérature japonaise.

6) 「彼らはどうやって劇場に行くのですか？」「タクシーで行きます」
　— (　　　　　　　　) est-ce qu'ils vont au théâtre ?
　— En taxi.

7) 「このコンサートはどれぐらいの時間続くの？」「約1時間だよ」
　— Ce concert dure (　　　　　　　　) de temps ?
　— Environ une heure.

> combien de + 名詞のときは，冠詞はどうなるのですか？

> 常に無冠詞です．名詞につられて de を des と書いてしまわないように注意してください．

EXPRESSIONS & ASTUCES 役に立つ表現

観光ガイドに役立つ会話例

🔊 *Un touriste français et sa guide japonaise préparent le programme de la journée suivante.*
061

Guide : Alors, <u>où souhaitez-vous aller demain</u> ?
Touriste : Aujourd'hui, nous avons visité la ville de Kyoto. Demain, <u>j'aimerais bien visiter d'autres villes</u>...
G : Je vois... Alors, est-ce que vous connaissez Uji ?
T : <u>Je connais le nom de cette ville</u>. C'est le lieu de l'action d'une partie du *Dit du Genji*, <u>n'est-ce pas</u> ? Mais je n'ai jamais visité cette ville. Quels sont les sites intéressants ?
G : Il y a le Byōdō-in. C'est un temple bouddhiste.
T : Est-ce que ce temple est célèbre ?
G : Oui, <u>il est inscrit au patrimoine mondial</u>.
T : Quelle est la particularité de ce temple ?
G : À l'intérieur du temple, il y a une statue de Bouddha Amida Nyorai. Elle est très impressionnante. Il y a aussi un bâtiment très célèbre, le Pavillon du Phénix. <u>Ce bâtiment est un exemple représentatif de l'architecture de l'ère Heian</u>. Et il est aussi représenté sur les pièces de dix yens. La statue d'Amida et le Pavillon du Phénix sont des trésors nationaux du Japon. <u>C'est un site touristique incontournable</u>.
T : Alors, est-ce que nous pouvons visiter ce temple demain ?
G : Oui, bien sûr. <u>C'est un très bon choix</u> !

フランス人観光客と日本人ガイドが次の日の計画を立てています．

G： それで，明日はどこに行きたいですか？
T： 今日は京都市内を見学しましたよね．明日は，他の町に行きたいなと思ってます．
G： なるほど…じゃあ，宇治はご存じですか？
T： 名前は知ってます．『源氏物語』の舞台ですよね．でも，訪ねたことはないんです．面白い名所は何でしょう？
G： 平等院ですね．仏教のお寺です．
T： そのお寺は有名なんですか？
G： ええ，世界遺産に登録されてるんですよ．
T： そのお寺はどんな特徴がありますか？
G： 寺院には「阿弥陀如来像」があります．とても印象的ですよ．また「鳳凰堂」というとても有名な建物もあります．この建物は平安時代の建築の代表例ですね．十円玉にも描かれてます．「阿弥陀如来像」と「鳳凰堂」は日本の国宝です．平等院は見逃せない観光名所です．
T： じゃあ，明日はそのお寺を見学できますか？
G： ええ，もちろんです．とても良いチョイスですよ！

こんな優秀なガイドになれたらなあ．こういう表現もしっかり覚えておこう！

THÈME　こまぎれ作文

> 色々なパターンの疑問文を使いこなしましょう.

1) いつ札幌に到着しましたか？（tu に対して）

2) お土産に何を買いたいですか？（tu に対して）

3) どうやって大阪に来られましたか？　飛行機ですか，それとも新幹線ですか？（vous に対して，以下同）

4) あなたは今日どこに行きたいですか？

5) この文楽の公演はいかがでしたか？

6) 何カ国を訪れたことがありますか？

7) あなたのお好きな日本料理はどのようなものですか？

8) 福岡についてのあなたの印象はどうでしたか？

9) その葉書を誰に書いているのですか？

> 始まりや終わりの時点が明らかな出来事は複合過去，いつ始まって，いつ終わったのか明らかではない出来事は半過去と考えるのでしたね.

Situation 5 | Je suis guide bénévole à Kamakura

Des clefs pour écrire ヒント

Vocabulaire utile (p. 87) も参考にしてください．

1) 複数の文型が考えられます．まず est-ce que を使って，次に気さくな聞き方，改まった聞き方なども考えてみましょう．

2) お土産に：「お土産として」と考え comme souvenir を使います．「買いたい」は vouloir を使って欲求を表します．

3) どうやって：手段をたずねる疑問副詞を使います．「新幹線で」は en *shinkansen*．

4) 行きたい：2) で vouloir を使ったので，今度は希望を表す動詞 souhaiter ＋動詞の不定詞「〜することを望む」を使ってみましょう．

5) 〜はいかがでしたか：「あなたは〜をどのように思いましたか」と考え，動詞 trouver「〜を…と思う」を用います．

6) 何カ国：国 pays (*m.*) の数をたずねています．

7) 日本料理：ジャンルとしてではなく，個別の料理名を尋ねるので plat (*m.*) japonais を使い，複数形でたずねましょう．

8) 印象： impression (*f.*) ですが，様々な印象を受けたと考えるので複数形にしましょう．ここでは動詞は複合過去形を使いましょう．

9) 葉書：carte (*f.*)

これだけの表現が使えれば，満足度ナンバーワンガイド間違いなし！

通じるように，発音の練習もちゃんとしないとね！

PRATIQUE Situation 5 場面で作文

> 今度日本に来るフレデリックさんへの質問リストを準備します．

🎧 1. Bienvenue au Japon！日本へようこそ！
063

いつ日本に到着されましたか？

順調な旅ができましたか？

空港からどうやっていらっしゃいましたか？ バスですか，それとも電車ですか？

滞在中はどこにお出かけになりたいですか？

どのくらいの間滞在なさいますか？

2. Visite guidée ガイドと一緒に見学

今日，歌舞伎の公演は２つあります．11時30分の回がいいですか，それとも16時30分の回がいいですか？

どのお寺を訪れたいですか？

何を召し上がりたいですか？

このお食事はいかがでしたか？

この１日目の印象はいかがでしたか？

Situation 5 | Je suis guide bénévole à Kamakura

Des clefs pour écrire　ヒント

Vocabulaire utile (p. 87) も参考にしてください.

- 順調な旅：「あなたの旅がうまくいった」と考え，「あなたの旅」votre voyage を主語にし，代名動詞 se passer bien を使いましょう．
- 空港： aéroport (*m.*)
- 滞在： séjour (*m.*)
- どのくらいの間：pendant combien de temps
- 滞在する：rester
- 公演：représentation (*f.*)
- 〜の回：前の文の「公演」を代名詞で受けることもできます．
- 食事： repas (*m.*)

C'est magnifique !

あなたが観光ガイドをするとしたら，どのようなプランを提案しますか?

Situation 6

C'est le sport le plus populaire !

それが一番人気のスポーツです —— 比較して紹介する

Naoto: マルセイユで出会ったアリスに，日本の子どもの習いごと事情について質問されました．なるべく偏らないように，色々な習いごとを比較しながら説明したいのだけど……．

これが言いたい！

日本で一番人気のある文化系の習いごとは何でしょう？

「一番」はどう言えばいい？
Ⅱ：最上級　　　　p. 108

柔道は，日本ではフランスほど行われていません．

比較するには？
Ⅰ,Ⅲ：比較級，比較表現　p. 106, p. 110

「行われる」？？
Ⅳ：受け身表現　　p. 112

紹介するときに役立つ表現 ⇒ EXPRESSIONS p. 114

使える単語・熟語集 ——Vocabulaire utile——

● 趣味と習いごと　loisirs (*m.*) et leçons (*f.*)

- 課外活動　　　activités (*f.*) extrascolaires
- 人気がある　　populaire
- 行われている　pratiqué(e)
- やる気がある，意欲的な motivé(e)
- 知られている　connu(e)
- 〜を習う　　　prendre des leçons de...（無冠詞名詞）
- （〜に）入会・登録する　s'inscrire (à...)
- 部員（会員）　membre
- 〜教室　　　　cours (*m.*) de...
- 参加者　　　　participant

● 文化系の活動　activités (*f.*) culturelles

- ピアノ／フルート／ギターを演奏する
  jouer du piano (*m.*) / de la flûte (*f.*) / de la guitare (*f.*)
- 英語　　anglais (*m.*)
- 韓国語　coréen (*m.*)
- 囲碁　　jeu (*m.*) de go
- 料理　　cuisine (*f.*)
- 茶道　　cérémonie (*f.*) du thé
- 書道　　calligraphie (*f.*)

● スポーツ系の活動　activités (*f.*) sportives

- （サッカー／テニス）クラブ　club (*m.*) de (football / tennis)
- 野球チーム　équipe (*f.*) de baseball
- 選手　　joue*r* (-se)
- 〜の試合　match (*m.*) de...
- 水泳　　natation (*f.*)
- バレエ　ballet (*m.*)
- 柔道　　judo (*m.*)

cent cinq　105

Vocabulaire

GRAMMAIRE
Situation 6

I. 形容詞・副詞の比較級
Le comparatif de l'adjectif et de l'adverbe

> 2つのものを比べるには，形容詞・副詞の比較級を使います。
> 形容詞は性数一致を忘れずにね！

```
「…より～だ」         plus  ┐
「…より～でない」     moins │ + 形容詞 + que (qu')
「…と同じくらい～だ」 aussi ┘   副詞
```

En France, le rugby est **plus** populaire **que** le baseball.
フランスでは，ラグビーは野球よりも人気がある．

En France, le baseball est **moins** populaire **que** le rugby.
フランスでは，野球はラグビーより人気がない．

En France, le tennis est **aussi** populaire **que** le rugby.
フランスでは，テニスはラグビーと同じくらい人気がある．

Charlotte parle japonais **plus** / **moins** / **aussi** vite **que** les Japonais.
シャルロットは日本人（より速く／より遅く／と同じ速さで）日本語を話す．

● 特別な形を持つ比較級

- **bon** → **meilleur**：「より良い」

    Junko est **meilleure** que moi en jardinage.
    ガーデニングに関しては，淳子は私より優れている．

- **mauvais** → **pire**：「より悪い」（ただしplus mauvais(e)の場合もある）

- **bien** → **mieux**：「より良く」

    Il parle **mieux** allemand qu'anglais.
    彼は英語よりドイツ語の方が上手に話せる．

- **beaucoup** → **plus**：「より多く」

    Je veux dormir **plus**.   もっとたくさん寝たい．

> meilleur（形容詞）は e, s, es の性数一致が必要だけど，
> mieux（副詞）は無変化だから安心～．

Situation 6 | C'est le sport le plus populaire !

EXERCICES I.

（　）に適切な語を入れて，文を完成させましょう． 064

例） 絵にかけては，カリムはピエールより才能がある．
　　En dessin, Karim est (　plus　) doué (　que　) Pierre.

1) 毎日曜日，私は普段より早く起きてヨガをする．
　　Tous les dimanches, je me lève (　　　) tôt (　　　) d'habitude pour faire du yoga.

2) フランスでは，将棋は囲碁より知名度が低い．
　　En France, le *shōgi* est (　　　) connu (　　　) le jeu de go.

> フランス人と碁を打ってみたいね～．

3) 茶道は書道と同じぐらい興味深い．
　　La cérémonie du thé est (　　　) intéressante (　　　) la calligraphie.

4) 直人は姉より後からこのフランス語教室に申し込んだ．
　　Naoto s'est inscrit à ce cours de français (　　　) tard (　　　) sa sœur.

5) アンヌはピアノよりフルートの方を上手に演奏する．
　　Anne joue (　　　) de la flûte (　　　) du piano.

6) 彼の財政事情は去年より悪い．
　　Sa situation financière est (　　　) (　　　) l'année dernière.

7) サッカー日本代表は以前より確かに良くなっている．
　　L'équipe nationale de football du Japon est certainement (　　　) (　　　) avant.

8) 淳子は直正よりたくさん（お酒を）飲む．
　　Junko boit (　　　) (　　　) Naomasa.

cent sept　107

形容詞・副詞の比較級

GRAMMAIRE situation 6　II. 形容詞・副詞の最上級
Le superlatif de l'adjectif et de l'adverbe

> 次は「一番」を表す最上級を使ってみよう．

● 形容詞の最上級

| 「最も〜だ」 | **le plus / la plus / les plus** ＋ 形容詞 |
| 「最も〜ない」 | **le moins / la moins / les moins** ＋ 形容詞 |

形容詞の性数は，主語または修飾する名詞に一致させます．比較の範囲は de / dans / parmi などで示します．

　　Kana est **la plus motivée　de** cette classe.
　　　　　　　　　　　　　　dans / parmi ces dix membres.
　　　加奈は（この教室で／この10人のメンバーの中で）一番意欲的だ．

● 名詞の前に置く最上級／後に置く最上級

名詞の前に置く形容詞は，最上級でも名詞の前に置きます．

　　C'est **le plus grand jardin** de Kyoto.
　　　これが京都で最も大きな庭園です．

　　C'est **le jardin le plus agréable** de Kanazawa.
　　　これが金沢で最も居心地のいい庭園です．

● 副詞の最上級

副詞の最上級は，主語の性数にかかわらず le plus / le moins ＋ 副詞 となります．

　　Marie court **le plus vite** parmi les membres de son équipe.
　　　マリーはチームのメンバーの中で一番走るのが速い．

● 特別な形の最上級

・**bon** の最上級：***le / la / les* meilleur(e)(s)**　「最も良い」

・**bien** の最上級：**le mieux**　「最も良く，上手に」

・**beaucoup** の最上級：**le plus**　「最も多く」

EXERCICES II.

[　]内の形容詞・副詞・過去分詞を使い，（　）に適切な語句を入れて，文を完成させましょう．

例) 直人は家族の中で最も背が高い． [grand]
　　Naoto est (　le plus grand　) de sa famille.

1) これらのフランス人学生の中では，シャルロットが最も長く日本に滞在した． [longtemps]
　　Charlotte a séjourné au Japon (　　　　　　　) parmi ces étudiants français.

2) 私はその店で一番安い腕時計を買った． [cher]
　　J'ai acheté la montre (　　　　　　　) de ce magasin.

3) 加奈がクラスで一番上手にフランス語を話す． [bien]
　　Kana parle français (　　　　　　　) de la classe.

4) この靴が全部の中で一番かわいい． [joli]
　　Ces chaussures sont (　　　　　　　) de toutes.

5) 日本で最も人気のあるスポーツは何ですか？ [populaire]
　　Quel est le sport (　　　　　　　) au Japon ?

6) サッカーはフランスで最も行われているスポーツだ． [pratiqué]
　　Le football est le sport (　　　　　　　) en France.

7) ここがこの界隈で一番おいしいパン屋です． [bon]
　　Voici (　　　　　　　) boulangerie du quartier.

8) ジョニーは我が家で一番よく食べます． [beaucoup]
　　Johnny mange (　　　　　　　) de ma famille.

9) これは今年最高の映画だ． [bon]
　　C'est (　　　　　　　) film de l'année.

> 来週映画を観に行くから，面白かったらこの文を使ってアリスに知らせよう．

GRAMMAIRE III. 数量の比較，比較表現

Les expressions de comparaison

> beaucoup の比較級を使えば，数や量を比較できます．

「〜より多くの…」	**plus**
「〜より少ない…」	**moins**
「〜と同じだけの…」	**autant**

+ **de** + (無冠詞)名詞 + **que (qu')** 〜

Un match de baseball nécessite **plus de** joueurs **qu'**un match de basketball.
野球の試合にはバスケットボールの試合よりも多くの選手が必要だ．

Cette année, il y a **autant de** membres dans ce club de natation **que** l'année dernière.
今年，この水泳部には去年と同じくらいの数の部員がいる．

● 「最も多くの〜」 **le plus de...** 「最も少ない〜」 **le moins de...**

de の後の名詞は常に無冠詞．

Cette bibliothèque possède **le plus de** livres dans la ville.
この図書館は，町で最も多くの本を所蔵している．

> 数や量が変化しているときは？

● 「だんだん〜」「次第に〜」

・**de plus en plus / de moins en moins** （＋ 形容詞または副詞）

Raphaël est **de plus en plus** motivé pour le karaté.
ラファエルは空手に対してだんだん意欲的になっている．

・**de plus en plus de / de moins en moins de** ＋ 無冠詞名詞

Les cours de cuisine rassemblent **de plus en plus de** participants.
料理教室は次第に多くの参加者を集めつつある．

EXERCICES III.

[ ] 内の単語を使い（適宜複数形にすること），日本語に合うように文を完成させましょう．
066

例) 今年のラグビー部には去年より多くの部員がいる．[membre]
　　Cette année, il y a (plus de membres) dans ce club de rugby que l'année dernière.

1) この囲碁クラブには，お年寄りと同じぐらい若者もいる．[jeune]
　　Dans ce club de jeu de go, on compte (　　　　　　) que de personnes âgées.

2) この夏，この水泳教室には昨夏より多くの参加者がいる．[participant]
　　Cet été, il y a (　　　　　　　) dans ce cours de natation que l'été dernier.

3) 私は日本語の本と同じだけフランス語の本を読む．[livre]
　　Je lis (　　　　　　　) en français qu'en japonais.

4) ギターはコントラバスほど場所をとらない．[place]
　　Les guitares prennent (　　　　　　) que les contrebasses.

5) この合唱団は次第にやる気がなくなっている．[motivé]
　　Ce chœur est (　　　　　　　).

6) 加奈は，フランス語の復習に淳子ほど時間を割いていない．[temps]
　　Kana ne consacre pas (　　　　　　) à la révision du français que Junko.

> 最近仕事がいそがしくって……

7) このバレエ教室は次第に多くの子どもを集めている．[enfant]
　　Ce cours de ballet rassemble (　　　　　　　　).

> de の後の名詞はいつも無冠詞だから簡単だね！

> と油断して，単数か複数かを間違えないように．

GRAMMAIRE situation 6 IV. 受け身表現：「～される」
La voix passive

日本語の「～される」に相当する表現には，受動態以外にも様々なものがあります．

● 受動態の現在形： être の現在形＋過去分詞

過去分詞（p. 52を参照）の性数は主語に一致させます．
動作の主体は par「～によって」で表しますが，aimer など状態を表す動詞には de を用います．

Cette maison **est louée par** les Moulin.
この家はムーラン家の人々によって借りられている．

Ce parc **est aimé de** tous les habitants du quartier.
この公園は地域の住民全員から愛されている．

Ce guitariste anglais **est connu de** tout le monde.
この英国人ギタリストは皆に知られている．

● 受動態の複合過去： être の複合過去＋過去分詞
＝ avoir の現在形 ＋ été（être の過去分詞）＋過去分詞

Elle **a été nommée** capitaine de notre club de volley-ball.
彼女は私たちのバレーボール部のキャプテンに任命された．

● 主語に on を使って

On parle français au Québec.
ケベックでは（不特定多数の）人がフランス語を話している．
→ ケベックではフランス語が話されている．

● 代名動詞（受け身的用法）を使って

La pétanque **se pratique** particulièrement dans le Midi.
ペタンクは特に南仏で行われている．

● se faire ＋不定詞

ペタンク，やってみたい！

Il **s'est fait admettre** dans ce célèbre club de golf.
彼はこの有名なゴルフクラブに入会を認められた．

Situation 6 | C'est le sport le plus populaire !

EXERCICES IV.

[ ] 内の動詞を使い，適切な語句を（ ）に入れて，文を完成させましょう。

例) 乗馬は日本ではフランスほど行われていない．[pratiquer]
L'équitation (est moins pratiquée) au Japon qu'en France.

1) このタイプの着物は振り袖と呼ばれます．[appeler]
 (   ) *furisode* ce type de kimono.

2) この歌曲はドビュッシーによって作曲された．[composer]
 Cette mélodie (   ) par Debussy.

3) ジョギングは健康に良いと言われています．[dire]
 (   ) que le jogging est bon pour la santé.

4) この歌手はみんなに愛されている．[aimer]
 Cette chanteuse (   ) de tout le monde.

5) 彼はサッカー部のキャプテンに任命された．[nommer]
 Il (   ) capitaine de son club de foot.

6) この体育館はある有名な柔道家によって建設された．[bâtir]
 Ce gymnase (   ) par un judoka célèbre.

7) 最近では，ペタンクは日本でも行われています．[se pratiquer]
 Ces derniers temps, la pétanque (   ) aussi au Japon.

8) 私のチームは2対1で負けた．[se faire battre]
 Mon équipe (   ) 2 à 1.

「〜される」という日本語と，フランス語の受動態は一対一の対応じゃないのね．

だから色々な表現を使えることが大事ですね．大体のパターンはここに出てきていますよ．

cent treize 113

受け身表現：「〜される」

EXPRESSIONS & ASTUCES 役に立つ表現

> 日本の文化や社会を紹介するときに役立つ表記や表現です。

● ドゥー・ポワン（：）

この後に，理由を説明する文を続けます．

Je prends des leçons de cérémonie du thé : je m'intéresse à la culture traditionnelle japonaise.
私はお茶を習っています．日本の伝統文化に興味があるからです．

● 一般化する

・**en général** / **généralement** / **de façon générale** / **globalement**「一般的には，全体としては」

En général, les Japonais ne parlent pas bien anglais.
一般的に，日本人は英会話があまり得意ではない．

● 多様性を示す

・**certains…, d'autres…**「～する人もいるし，～する人もいる」

…のところに入る動詞は常に3人称複数です．同じ動詞を繰り返す場合，2度目はしばしば省略します．

— Que mangent les Japonais au petit déjeuner ?
— **Certains** mangent du riz, **d'autres** du pain.
「日本人は朝食に何を食べますか？」
「米を食べる人もいるし，パンを食べる人もいます」

・動詞 **varier**：「変化する，いろいろである」

— Est-ce que la vie coûte plus cher au Japon qu'en France ?
— Globalement, oui. Mais ça **varie** selon les régions.
「日本はフランスより生活費が高いのですか？」
「全体としては，そうですね．でも地方によっていろいろですよ」

● 対比を強調する

・**quant à...**：「〜に関して言えば，一方〜はどうかというと」

Les Français travaillent en moyenne trente-cinq heures par semaine. **Quant aux** Japonais, ils travaillent beaucoup plus.
フランス人は平均週35時間働く．日本人はというと，もっとたくさん働いている．

En France, les grèves sont très fréquentes. **Quant au** Japon, elles sont extrêmement rares.
フランスでは，ストライキが頻繁です．日本に関して言えば，ストは極めて稀です．

● 聞いた話を伝える

・**selon** + 名詞：「〜によれば，〜によって」

・**d'après** + 名詞：「〜によれば」

Selon un sondage, les Japonais prennent moins de vacances que les Français.
ある調査によれば，日本人はフランス人より休暇が少ない．

・**il paraît que...**：「〜らしい，〜だそうだ」

Il paraît que les Japonais dorment moins que les Français.
日本人はフランス人より睡眠時間が少ないらしい．

● 個人の知る範囲で考えを述べる

・**à mon avis**「私の考えでは」

À mon avis, le baseball est le sport le plus populaire au Japon.
私の考えでは，野球が日本で一番人気のあるスポーツです．

・**à ma connaissance**「私の知る限りでは」

À ma connaissance, il n'y a pas de site touristique intéressant dans cette ville.
私の知る限り，この町に興味を引く観光名所はありません．

cent quinze 115

THÈME Situation 6　こまぎれ作文

> 比較級・最上級，役に立つ表現も覚えたら，文を作ってみましょう！

068

☐ 1) 一般的に，日本人は習いごとをするのが好きだ．

☐ 2) トレッキングが好きな人もいるし，釣りが好きな人もいる．

☐ 3) 私たちは彼らより多くの時間を仕事にあてている．

☐ 4) このサッカー部は最も多くの部員を集めている．

☐ 5) 日本で最も人気のあるスポーツは何でしょう？

☐ 6) そのスポーツクラブでは，会員がだんだん増えている．

☐ 7) 柔道は，日本よりフランスで多く行われている．

☐ 8) この子は，他の子どもたちに劣らず意欲的だ．

☐ 9) 最近，料理教室が流行している．

☐ 10) この料理教室は昨日テレビで紹介された．

> Mon français est de plus en plus naturel !
> 僕のフランス語どんどん自然になってきたぞ！

116　cent seize

Situation 6 | C'est le sport le plus populaire !

Des clefs pour écrire　ヒント

Vocabulaire utile (p. 105) も参考にしてください．

1) 一般論として取り上げているので，「日本人」には全体を表す冠詞を付けます．「習いごと」は特定されておらず，数も1つとは決まっていません．

2) 「～する人もいれば，～する人もいる」は Expressions のページを参照してください．トレッキング：trekking (*m.*)　釣り：pêche (*f.*)

3) AをBにあてる，割く：consacrer A à B です．彼ら：que の後の人称代名詞は強勢形 eux を用います．p. 124 を参照してください．エリジオンに注意．

4) ～を集める：rassembler

5) この場合の「何でしょう？」は，物の名前や正体をたずねているわけではないので，Qu'est-ce que c'est ? は使えません．

6) スポーツクラブ：club de sport です．日本語の文の主語は「会員」membresですが，フランス語では非人称構文 il y a を使うほうが簡単です．

7) 「人気」ではなく「実践度」を比較します．エリジオンに注意．

8) 他の子どもたち：les autres enfants ですが，「子ども」は省略できます．「劣らず」は「同じくらい」ととらえて aussi を用いることもできますが，劣等比較の否定文 ne... pas... moins... を使う方が日本語により近いニュアンスが出ます．

9) 最近：ces derniers temps．流行している：être à la mode．「料理教室」はこの場合，色々ある料理教室すべてをまとめて指しています．冠詞はどうなるでしょうか．

10) 紹介された：présenter の受動態の複合過去形を用います．主語と過去分詞の性数一致に注意しましょう．テレビで：à la télévision．

Ah, il est de plus en plus prétentieux...
彼はだんだん天狗になってきたぞ…

cent dix-sept　117

Thème

PRATIQUE　場面で作文

> 日本の習いごと事情，比較級と最上級を使いまくってアリスに紹介します！

　日本では一般的に，子どもたちはとても忙しいよ．学校の活動と同じくらいのエネルギーを，学校以外の活動にもあてているんだ．

　ある調査によると，スポーツ系の活動の中では，水泳教室が最も多くの生徒を集めている．

　では，日本で一番人気のある文化系の活動は何だろう？　それは英語教室だ．書道は，現在では昔ほど行われていない．

　一方で大人たちはというと，子どもたちに劣らず意欲的だよ．

　スポーツクラブに登録する人もいれば，ヨガのレッスンを受ける人もいる．意外なことに，柔道は，日本ではフランスほど行われていないね．

　最近は，料理教室が流行なんだ．男性の参加者もだんだん増えているらしいよ．

Situation 6 | C'est le sport le plus populaire !

Des clefs pour écrire　ヒント

Vocabulaire utile (p. 105) も参考にしてください．

- 忙しい：occupé(e)
- 同じくらいのエネルギー：autant d'énergie
- 学校（以外）の活動：les activités (extra) scolaires
- ある調査：un sondage
- 生徒：élève は男女同型です．
- では：alors 文頭に用います．
- 💡「英語教室」は複数と考えましょう．
- 現在では：maintenant
- 💡「劣らず意欲的」＝「同じくらい意欲的」と考えると同等比較が使えます．また「意欲が少ないわけではない」と考え，劣等比較の否定文を使うこともできます．
- 意外なことに：de façon surprenante を文頭に用います．
- 男性の：masculin(e)

> Merci de ton explication ! Les enfants japonais sont vraiment occupés !

他にどんな活動があるでしょうか．作文してみましょう．

Situation 7

Voici la recette du *ton-jiru* !

これが豚汁のレシピです ——レシピを紹介する

Junko: シャルロットにメールで簡単な豚汁のレシピを教えてあげたいんだけど….

これが言いたい！

じゃがいもの皮をむき，（それを）4つに切ります．

同じ単語を繰り返さないためには？
Ⅰ：目的語人称代名詞　p. 122

そこに大さじ3杯の味噌を入れます．

「そこに」ってどう言うの？
Ⅳ：中性代名詞(1) y　p. 128

野菜を加えて（それを）炒めます．

「それを炒める」？ 語順はどうなるんだろう…
Ⅱ：命令文（2）　p. 124
Ⅲ：使役動詞 faire　p. 126

台所と食卓にフランス語を！ ⇒ EXPRESSIONS　p. 130

120　cent vingt

Situation 7 | Voici la recette du *ton-jiru* !

使える単語・熟語集 ——Vocabulaire utile——

● 野菜 légumes (*m.*)

□ にんじん	carotte (*f.*)	□ 玉ねぎ	oignon (*m.*)
□ じゃがいも	pomme (*f.*) de terre	□ トマト	tomate (*f.*)
□ 茄子	aubergine (*f.*)	□ 大根	radis (*m.*) japonais

● 肉 viandes (*f.*)

| □ 牛肉 | bœuf (*m.*) | □ 豚肉 | porc (*m.*) |
| □ 鶏肉 | poulet (*m.*) | | |

● 魚介類 poissons (*m.*) et fruits (*m.*) de mer

| □ マグロ | thon (*m.*) | □ サケ | saumon (*m.*) |
| □ エビ | crevette (*f.*) | | |

● 調味料 assaisonnement (*m.*)

□ 砂糖	sucre (*m.*)	□ 塩	sel (*m.*)	□ 酢	vinaigre (*m.*)
□ 油	huile (*f.*)	□ こしょう	poivre (*m.*)	□ しょうゆ	sauce (*f.*) soja
□ 味噌	miso (*m.*)	□ バター	beurre (*m.*)		

● 計量の単位 unités (*f.*) de mesure

□ 小さじ1杯の〜　　une cuillère à café de ...
□ 大さじ1杯の〜　　une cuillère à soupe de ...
□ 100ミリリットルの〜　dix centilitres (cent millilitres) de...

● 調理器具 ustensiles (*m.*)

| □ （片手）鍋 | casserole (*f.*) | □ フライパン | poêle (*f.*) |
| □ （ふたの付いた）深鍋 | fait-tout (*m.*) | | |

● 調理 préparation (*f.*)

□ 〜の皮をむく	éplucher	□ 〜を切る	couper
□ 〜を炒める	faire revenir / faire sauter	□ 〜を加える	ajouter
□ 〜を注ぐ	verser	□ 火を止める	éteindre le feu
□ 食卓に出す	servir	□ 〜を沸かす	faire chauffer / faire bouillir

Vocabulaire

GRAMMAIRE
Situation 7
目的語人称代名詞
Les pronoms personnels compléments

　フランス語で文を作るとき，日本語では省略可能な要素が必要になることがよくあります．その1つが人称代名詞です．ここでは人称代名詞が目的語として使われる例を取りあげます．

直接目的	間接目的	直接目的	間接目的
me (m')		nous	
te (t')		vous	
le (l')	lui	les	leur
la (l')			

me, te, le, la は，続く語が母音または無音のhで始まるときにエリジオンします．
＊位置は動詞の前．ただし，動詞の後に不定詞が続くときはその不定詞の前になります．
＊3人称の直接目的語は，人以外の名詞も受けることができます．その際は性数に注意しましょう．

● 動詞＋直接目的語

J'ai acheté <u>ce magazine</u> hier, et je **l'**ai déjà lu.
　私はその雑誌を昨日買って，（それを）すでに読んだ．

ce magazine は lire の直接目的語なので，le で置き換えます．

● 動詞＋à＋間接目的語　　例）téléphoner à..., écrire à..., réfléchir à...

<u>Émilie</u> est absente de la classe. Je vais **lui** téléphoner ce soir.
　エミリーは授業を欠席している．今晩（彼女に）電話しよう．

Émilie は téléphoner の間接目的語なので，lui で置き換えます．

> 直接／間接を使い分けるのは3人称のときだけだから少し安心したわ．目的語人称代名詞を2つ使うときなどはどうするのかしら？

主語 ＋ (ne) ＋ | me / te / nous / vous | | le / la / les | | lui / leur | ＋(y)＋(en)＋ 動詞 ＋(pas)

> 「自分（1人称）か話し相手（2人称）が出てくるときはそちらが先，出てこないときは le, la, les が先」．否定文は「主語と否定の ne はいつも隣同士」と覚えれば十分でしょう．

Situation 7 | Voici la recette du *ton-jiru* !

EXERCICES I.

a) 日本語に現れない目的語人称代名詞を推測して（　）に入れましょう．

例）「オリヴィエを知っていますか？」「はい，知っています」
— Connaissez-vous Olivier ? — Oui, je (le) connais.

1) 「ご両親に電話しなさい」「分かりました，今晩電話します」
— Téléphone à tes parents. — D'accord, je (　　　) téléphone ce soir.

2) 子どもたち，これからデザートを作ってあげますよ．
Les enfants, je vais (　　　　　) préparer un dessert.

3) （電話で）「ピエールはいる？」「うん，代わるよ」
— Pierre est là ? — Oui, je (　　　　) (　　　　　) passe.

4) ルイがそのマンガをとても気に入ったので，あげました．
Louis a bien aimé ce manga, alors je (　　　) (　　　) ai donné.

b) 代名詞の語順に気をつけて，日本語に合うように答えましょう．

例）「この本を私に貸してくれるの？」「うん，貸してあげるよ」
— Tu me prêtes ce livre ? – Oui, je te le prête.

1) 「フェルナンデスさんは車をよく娘さんに貸すのですか？」
「ええ，よく貸しますよ」
— Madame Fernandez prête souvent sa voiture à sa fille ?
— Oui,

2) 「この映画はお気に召しましたか？」
「いえ，あまり気に入りませんでした」
— Vous avez aimé ce film ?
— Non,

3) 「アリスはカリムに電話しましたか？」「いいえ，しませんでした」
— Alice a téléphoné à Karim ?
— Non,

cent vingt-trois 123

GRAMMAIRE 11. 強勢形，命令文 (2)
Les formes toniques et l'impératif (2)

● 人称代名詞の強勢形： je ⇒ **moi** tu ⇒ **toi** il ⇒ **lui** ils ⇒ **eux**

elle, nous, vous, elles の強勢形は主語人称代名詞と同形です．

1) 前の発言と対立する文の文頭や文末に置き，主語や目的語を強調する．

   Tu aimes le café ? **Moi**, je préfère le thé.
   コーヒーが好きなの？　私は紅茶のほうが好き．

2) 前置詞の後

   Je m'inquiète pour **lui**.　　　彼のことが心配だ．

3) c'est, ce sont の補語

   — Qui est là ? — C'est **moi** !　　「誰ですか？」「私だよ！」

4) 比較の que の後

   Karim est plus grand que **toi**.　カリムは君より背が高い．

● 命令文における目的語人称代名詞の語順

肯定命令

動詞 — | le / la / les | — | moi / toi / nous / vous / lui / leur |

否定命令

Ne + | me / te / nous / vous | | le / la / les | | lui / leur | + 動詞 + pas

Ces CD sont à moi. **Rends-les-moi**.　これらのCDは僕のだ．返せよ．

Ne me quitte pas !　　　　　　行かないで！

> 日本語では省略できる要素をフランス語では代名詞で表すのね．ところで，否定命令のときはトレデュニオン (-) が付かないのはなぜ？

> trait d'union は，肯定文とは語順が逆だという印です．否定命令の語順は肯定文と同じなので必要ありませんね．

EXERCICES II.

a) 日本語に合わせ，（　）内に人称代名詞の強勢形を入れましょう．

例）私と一緒においで！
　　Viens avec (　moi　) !

1) 「誰がこのケーキ作ったの？」「彼女だよ！」
— Qui a fait ce gâteau ? — C'est (　　　　　) !

2) ニコラは君たちよりずっと年上だ．
Nicolas est beaucoup plus âgé que (　　　　　).

3) 僕はコーヒーを頼むよ．君は何を頼む？
Moi, je prends un café. Et (　　　　　), qu'est-ce que tu prends ?

4) 私は彼らにとても満足している．
Je suis très content d'(　　　　　).

b) 下線部を代名詞に変えて全文を書き換えましょう．

例）Montre <u>ces documents</u> <u>à Karim</u>.
→　Montre-les-lui.
彼にそれらを見せてやれよ．

1) Beurrez <u>la tartine</u> et mettez <u>la tartine</u> dans le grille-pain.

→
それにバターを塗って，トースターに入れてください．

2) Ne transmettez pas <u>ce message</u> <u>à Marc et Yōko</u>.

→
それを彼らに伝えてはいけません．

3) Coupez <u>les tomates</u> et ajoutez <u>les tomates</u> à la salade.

それらを切って，サラダに入れてください．

cent vingt-cinq　125

強勢形，命令文 (2)

GRAMMAIRE III 使役動詞 faire
Le verbe causatif : faire

「〜させる」「〜してもらう」と言いたいときは，faire を使役動詞として使います．構文は以下のとおりです．

> **faire** + 不定詞 + 不定詞の意味上の主語

Il **fait venir** son médecin une fois par mois.
彼は月に1度かかりつけ医に来てもらっている（来させる）．

ただし，日本語では「〜させる」と言わないのに，フランス語では使役の形で表現することがあるので注意してください．

Le cuisinier **fait chauffer** de l'eau.　　料理人は湯を沸かす．
Le pâtissier **fait refroidir** le gâteau.　パティシエはケーキを冷ます．

不定詞が目的語を取るときは，次の構文を使います．

> **faire** + 不定詞 + 不定詞の目的語 + **à (par)** + 不定詞の意味上の主語

Naomasa **a fait visiter** le jardin **aux** touristes.
直正は観光客に庭を見学してもらった．

Le directeur **a fait préparer** les documents **par** sa secrétaire.
社長は秘書に書類を準備させた．

par を使うとより強制的なニュアンスが出ます．

● 使役の命令文で目的語人称代名詞を使うとき

・肯定命令：代名詞は faire と不定詞の間に置く．

Faites refroidir le gâteau. → **Faites-le** refroidir.
このケーキを冷やしてください．→ それを冷やしてください．

・否定命令：代名詞は肯定文のときと同様，ne と faire の間に置く．

Ces documents sont confidentiels. **Ne les faites pas photocopier** par le secrétaire.
この文書は内密のものです．秘書にコピーを取らせないでください．

> 使役の命令文は料理のレシピでよく使います．faites cuire...（…を焼く），faites-le revenir（それを炒める），faites-le refroidir（それを冷ます）など．日本のレシピでは命令文は使わないので，頭の切り替えが必要ですね．

EXERCICES III.

a) （　）内の単語を並べ替え，動詞を適宜活用させて文を作りましょう．

例）彼はかかりつけ医を来させた．(il / son médecin / venir / faire)
　　　Il a fait venir son médecin.

1) 彼女は皆を笑わせている．(rire / tout le monde / elle / faire)

2) 彼らは子どもたちに勉強をさせる．(travailler / ils / leurs / faire / enfants)

3) 私たちはお客さま方に自家製ケーキを味わってもらっています．
(notre gâteau maison / nous / nos clients / faire / goûter / à)

4) シャルロットは母に冬服を送ってもらった．
(Charlotte / à / ses vêtements d'hiver / sa mère / faire / envoyer)

b) 枠の中の単語を用い，使役の命令文を使って作文しましょう．また，目的語を人称代名詞に置き換えて全文を書き換えましょう．

例）肉を焼く．　Faites cuire la viande.　→　Faites-la cuire.

1) フライパンを熱する．

→

2) 生地を冷ます．

→

3) 魚を焼く．

→

| chauffer | cuire | refroidir |
| la poêle | les poissons | la viande | la pâte |

GRAMMAIRE IV. 中性代名詞 (1) y
Le pronom neutre (1) : y

　日本語で省略される要素がフランス語で必要になる事例をもう1つ取りあげましょう．例えば，

　　— Vous allez souvent au cinéma ?　　　　「映画館によく行くのですか？」
　　— Oui, j'**y** vais deux fois par semaine.　　「はい，週に2度行きます」

　日本語では省略される「映画館に」au cinéma を **y** で置き換えることができます．性を有する名詞（le cinéma）ではなく，前置詞を含む語句全体（au cinéma）を受けるので，性には関係しないという意味で中性代名詞と呼びます．
　肯定文では主語と動詞の間に置きますが，命令文では動詞の後ろに置き，トレデュニオンでつなぎます．

1) 前置詞 + 場所を示す語句に代わって「そこに，そこへ」と場所を表す．

　　Versez de l'eau dans une casserole, et ajoutez-**y** du sel.
　　鍋に水を入れ，そこに塩を加えてください．(y = dans la casserole)

2) à + 名詞（または動詞の不定詞や節）を受ける．

　　— Tu penses à ton avenir ?
　　— Oui, j'**y** pense de temps en temps. (y = à mon avenir)
　　「将来のこと，考えている？」「うん，時々考えるよ」

　　— Tu cherches toujours du travail dans la musique ?
　　— Non, j'**y** ai renoncé. (y = à travailler dans la musique)
　　「相変わらず音楽業界で仕事を探しているの？」「いや，諦めたよ」

> y とともによく使われる動詞をチェックして，y を入れた形で声に出して活用練習してみてください．聞き取り能力アップに効果ありですよ．

> j'y vais, tu y vas, il y va... リエゾンやエリジオンも変わってくるのね！　確かにこの練習は必要だわ．現在形だけじゃなく，過去形でもやってみよう．

128　cent vingt-huit

Situation 7 | Voici la recette du *ton-jiru* !

EXERCICES IV.

次の文の下線部を中性代名詞 y に置き換え，問いに答えましょう．
4), 5)は，重複している要素を y に置き換えましょう．

例)「あなたはモンプリエに定期的に行くのですか？」
— Tu vas régulièrement <u>à Montpellier</u> ?
— Oui, j'y vais une fois par semaine.
「はい，週に1度行きます」 ＊1週間に1度：une fois par semaine

☐ 1)「あなたは大阪に長い間住んでいますか？」
— Vous habitez <u>à Osaka</u> depuis longtemps ?
— Oui, ＿＿＿＿＿＿＿＿＿＿＿＿＿＿＿＿
「はい，30年来住んでいます」 ＊30年来：depuis trente ans

☐ 2)「シャルロットはもうフランスに帰ったのですか？」
— Est-ce que Charlotte est déjà retournée <u>en France</u> ?
— Oui, ＿＿＿＿＿＿＿＿＿＿＿＿＿＿＿＿
「はい，もう帰りましたよ」

☐ 3)「あなた方は我々の提案をよく考えましたか？」
— Vous avez réfléchi <u>à notre proposition</u> ?
— Oui, ＿＿＿＿＿＿＿＿＿＿＿＿＿＿＿＿
「はい，私たちはそれをよく考えました」

☐ 4) Faites chauffer une casserole et ajoutez les légumes dans la casserole.
→ Faites chauffer une casserole et ＿＿＿＿＿＿＿＿＿
鍋を火にかけ，そこに野菜を入れる．

☐ 5) Faites fondre du beurre dans une poêle, et faites sauter la sole dans la poêle.
→ Faites fondre du beurre dans une poêle, et
＿＿＿＿＿＿＿＿＿＿＿＿＿＿＿＿＿＿＿＿＿＿＿＿
フライパンにバターを溶かし，舌平目をソテーする．

cent vingt-neuf 129

中性代名詞（1）y

EXPRESSIONS & ASTUCES 役に立つ表現

台所と食卓にフランス語を！

● フランス語で材料 ingrédients を準備しよう！

　　Deux tomates　　　　　　　　　　トマト2個

　　100 grammes **de** poulet　　　　　鶏肉100 g

　　Une cuillère à soupe **d'**huile d'olive　オリーブオイル大さじ1杯
　　＊ de の後の材料名は無冠詞になります．

● フランス語でにんじんを切ってみよう！

Épluchez la carotte et coupez-la…
にんじんの皮をむいて，切ってください…

en rondelles　輪切りに

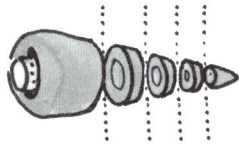

en sifflet　斜め切りに

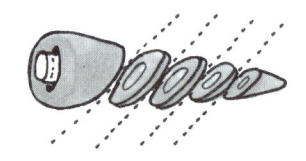

en julienne　千切りに

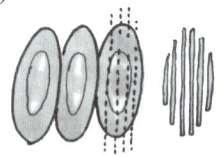

en paysanne　いちょう切りに

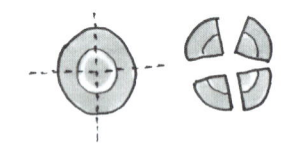

en petits morceaux　小さく

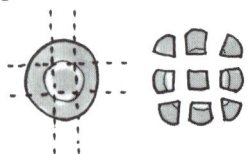

> couper 以外の動詞を使うこともあります．

Émincez le champignon.
マッシュルームを薄切りにしてください．

Hâchez le champignon.
マッシュルームをみじん切りにしてください．

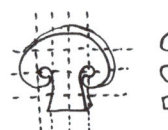

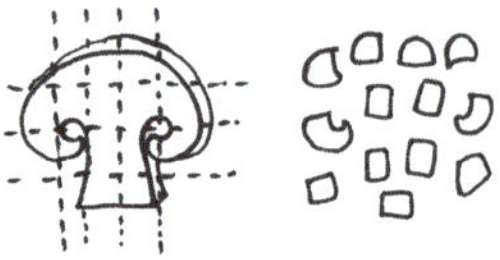

130　cent trente

Situation 7 | Voici la recette du *ton-jiru* !

● ムーラン家での夕食　Un dîner chez les Moulin

Soyez le / la / les bienvenu(e)(s) chez moi / nous. 我が家へようこそ．

Merci de votre invitation.
　お招きありがとうございます．
Voilà une bouteille de vin rouge.
　赤ワインを1本持ってきました．

Il ne fallait pas.
　こんなことなさらなくても．
Merci beaucoup, vous êtes bien aimable.
　ご親切にありがとうございます．

Bon appétit !　召し上がれ！

À votre santé ! / À la vôtre !　乾杯！
C'est bon ! / C'est délicieux !　おいしい！

C'était très bon / délicieux.
　ごちそうさま／おいしかったです．

ここで紹介した表現は，全て vous で話す会話で使うものです．
tu を使った文にするとどこが変わるか，考えてみましょう．

cent trente et un　131

THÈME　こまぎれ作文

Situation 7

得意料理のレシピを書けるようになりましょう！

🎧 1)〜5) は tu に対して，6)〜11) は vous に対しての命令文を作りましょう．
077

- [ ] 1) 鍋に水を注いでください．

- [ ] 2) 鍋に小さじ1杯の油を入れ，中火にかけるのよ．

- [ ] 3) そこに野菜を加えて炒めて．

- [ ] 4) スープを弱火で温め直して！

- [ ] 5) じゃがいもは賽の目に切ってちょうだい．

- [ ] 6) 茄子を輪切りにしてください．

- [ ] 7) まず肉を加えて，炒めてください．

- [ ] 8) 野菜が煮えたところで，火を止めてください．

- [ ] 9) それらを煮過ぎないようにしてくださいね．

- [ ] 10) 玉ねぎの皮をむき，薄切りにしてください．

- [ ] 11) そこに味噌を入れて，よく混ぜてくださいね．

132　cent trente-deux

Situation 7 | Voici la recette du *ton-jiru* !

Des clefs pour écrire ヒント

Vocabulaire utile (p. 121) も参考にしてください.

1) 「水」という語には部分冠詞が付いて de l'eau となります（p. 138を参照）.「〜を入れる（注ぐ）」はverser.

2) 小さじ1杯の : une cuillère à café de ..., 中火にかける : faire chauffer à feu modéré

3) 「〜を加える」は ajouter, 「野菜を加える」と「炒める」の2つの命令文として考えましょう.「そこに」は中性代名詞の y を用います. また1度出てきた名詞は目的語人称代名詞で置き換えるのでしたね.

4) 〜を温め直す : faire réchauffer, 弱火で : à feu doux

5) 〜を賽の目に切る : couper ...en dés. 日本語からはじゃがいもが単数か複数かは分かりません. 両方のパターンを考えてみましょう. 6), 10)も同様です.

6) 〜を輪切りにする : couper ... en rondelles

7) 「肉を加える」と「炒める」の2つの命令文として考えます. 〜を炒める : faire revenir (sauter) ...は使役表現です. 命令文にするときに語順はどうなるのでしたか？

8) 「野菜が煮えたところで」→「野菜が煮えたとき」: quand ....
「煮える」: être cuit という受け身の表現でフランス語にしてみましょう. 〜を消す : éteindre

9) 〜を煮すぎる : faire trop cuire ...

10) 〜の皮をむく : éplucher, 〜を薄切りにする : couper... en tranches fines

11) 混ぜる : mélanger

ちなみに, フランス語のことわざには
L'appétit vient en mangeant.
「食欲は食べているうちに出てくる」
というのがあるね.

cent trente-trois 133

PRATIQUE 場面で作文
Situation 7

> いよいよ豚汁のレシピを書くわよ！ 命令形は大丈夫，あとは名詞の性数をしっかり確認して，代名詞を使う所は慎重に……．

豚汁　*Ton-jiru* (Soupe miso à la viande)

材料（4人分）：

豚薄切り肉150 g

にんじん2本

ごぼう1/2本

大根1/4本

味噌大さじ3

だし40 cl

油小さじ2杯

調理　Préparation :

① にんじんと大根は皮をむいていちょうに切る．ごぼうは洗い，斜め切りにする．肉は小さく切る．

② 鍋に小さじ2杯の油を入れ，中火にかける．まず肉を加えて，炒める．

③ そこに野菜を加えて炒める．

④ だしを注ぐ．野菜が煮えたところで火を止める．そこに味噌を加えて食卓に出す．

Des clefs pour écrire　ヒント

Vocabulaire utile (p. 121) と Expressions も参考にしてください．

- 材料：ingrédient (*m.*)
- 〜人分：pour ...personne(s)
- 薄切りの〜：...en tranches fines
- ごぼう：*gobō* (*m.*) または bardane (*f.*) japonaise
- 1/2本：une moitié de...
- 1/4本：un quart de...
- だし：bouillon (*m.*) de poisson
- センチリットル（cl）：centilitre．フランスでは普通ミリリットル（ml）：millilitreではなくセンチリットルを用いる．
- 〜を洗う：rincer
- 中火にかける：faire chauffer à feu modéré
- 「野菜が煮えたところで」→「野菜が煮えたとき」：quand ...　「煮える」：être cuit

Ça sent bon !

得意料理のレシピを書いてみましょう．

Situation 8

Si on allait voir le grand Bouddha ?
大仏を見に行きませんか？ ——観光情報を伝える

Naomasa: これまでの観光案内では時間や値段，行き方などは単語の羅列とノリで伝えていたんだけど，もっと正確に詳しく説明したいなあ．

これが言いたい！

地酒を飲みましょう．
食べ物や飲み物に付く冠詞は？
Ⅰ：部分冠詞　p. 138

約10分かかります．
「〜かかる」という表現は？
Ⅱ：非人称構文（2）p. 140

もしそのことをお望みなら
「そのこと」ってどう言う？
Ⅲ：中性代名詞（2）en, le　p. 142

「8時から5時までです」
「〜から〜まで」は？
Ⅳ：前置詞（句）p. 144

日本語からフランス語へ ⇒ EXPRESSIONS　p. 146

使える単語・熟語集 ——Vocabulaire utile——

● 交通手段 transport (*m.*)

☐ 電車	train (*m.*)	☐ 地下鉄	métro (*m.*)
☐ バス	bus (*m.*)	☐ 自動車	voiture (*f.*)
☐ 船	bateau (*m.*)	☐ 飛行機	avion (*m.*)
☐ バイク	moto (*f.*)	☐ 自転車	vélo (*m.*)
☐ 徒歩で	à pied	☐ 駅（電車）	gare (*f.*)
☐ 駅（地下鉄・トラム）	station (*f.*)	☐ バス停	arrêt (*m.*) de bus
☐ 港	port (*m.*)	☐ 空港	aéroport (*m.*)

● 時間・お金 temps (*m.*) et argent (*m.*)

☐ 時刻	heure (*f.*)	☐ 時刻表	horaire (*m.*)
☐ 開場（開店）	ouverture (*f.*)	☐ 閉場（閉店）	fermeture (*f.*)
☐ 料金	tarif (*m.*)	☐ 値段	prix (*m.*)
☐ 入場券	billet (*m.*) d'entrée		
☐ 入場無料	entrée (*f.*) libre (gratuite)		
☐ 払う	payer	☐ （値段が）〜する	coûter

● 曜日 jours (*m.*) de la semaine

☐ 月曜	lundi (*m.*)	☐ 火曜	mardi (*m.*)
☐ 水曜	mercredi (*m.*)	☐ 木曜	jeudi (*m.*)
☐ 金曜	vendredi (*m.*)	☐ 土曜	samedi (*m.*)
☐ 日曜	dimanche (*m.*)		

Vocabulaire

GRAMMAIRE 部分冠詞
L'article partitif

「お酒を飲む」ってどんな冠詞を使うのかな.

数えられないもの・形の定まっていないもの（液体・粉や，パン・チーズ，肉・魚など）の「量」を表すときには部分冠詞を用います.

男性形	女性形
du (de l')	**de la (de l')**

Charlotte mangeait **du** riz et **de la** soupe miso tous les jours.
シャルロットは毎日ご飯とみそ汁を食べていた.

母音または無音の h で始まる単語の前では de l' の形にします.

Tu dois avoir soif. J'ai **de l'**eau, du soda ou du jus d'orange.
喉がかわいたでしょう．水とソーダとオレンジジュースがあるよ.

抽象概念や，スポーツ等の活動を，具体的な（量のある）「もの」として捉える場合もあります.

Il fait **du** ski. / Elle écoute **de la** musique.
彼はスキーをする．／　彼女は音楽を聴く.

● 冠詞の使い分け

同じ名詞でも，文脈や捉え方によって使う冠詞は変わってきます．文を作るときには，名詞の前に何を置くべきか，その都度考えましょう.

Une bière, s'il vous plaît !
ビール1杯，お願いします！（不定冠詞）

J'aime beaucoup **la** bière belge.
ベルギービールが大好きです．（総称の定冠詞）

Naomasa boit **de la** bière tous les soirs.
直正は毎晩，ビールを飲みます．（数えないものを表す部分冠詞）

J'aime **le** poisson.（食用として）魚が好き.
J'aime **les** poissons.（鑑賞用として）魚が好き.
単数と複数で「魚」の捉え方が違うのにも注意ですね.
p. 34 も参照してください.

EXERCICES I.

部分冠詞／不定冠詞／定冠詞のどれが入るでしょう？

例) おじいさんは地酒が好きです．
　　Mon grand-père aime (le) saké de pays.

1) 加奈はセザンヌの絵画が大好きです．
　　Kana adore (　　　　) tableaux de Cézanne.

2) 淳子はよく赤ワインを飲みます．
　　Junko boit souvent (　　　　) vin rouge.

3) カフェで1杯パスティスを飲もう．
　　Buvons (　　　　) pastis au café.

4) ルイ，バゲット1本買いに行ってね．
　　Louis, va acheter (　　　　) baguette.

5) お米と油が必要だ．
　　Il faut (　　　　) riz et (　　　　) huile.

6) お金を持ってる？
　　Tu as (　　　　) argent ?

7) 愛は死よりも強し．
　　(　　　　) amour est plus fort que (　　　　) mort.

8) 直人，君は運がいいね！
　　Naoto, tu as (　　　　) chance !

9) アリスは毎朝ジョギングをする．
　　Alice fait (　　　　) jogging tous les matins.

> どちらかというと私は
> J'aime le poisson !

GRAMMAIRE II. 非人称構文 (2)

La construction impersonnelle (2)

il y a「〜がある」, il est …heure(s)「今〜時です」,
il fait…「〜な天気です」(p. 42 を参照) の他にも, 非人称の主語 il を使った表現があるんですよ. 使えると便利！

- **il faut** (< falloir)：「〜が必要だ, 〜しなければならない」

    Il faut consulter les horaires des trains.
    電車の時刻表を確認しなければならない.

- **il vaut** (< valoir) **mieux** + 動詞の不定詞：「〜するほうがよい」

    Il vaut mieux y aller en métro.
    そこへは地下鉄で行ったほうがいいよ.

- **il est** 形容詞 **de** + 動詞の不定詞：「〜は〜だ」

    Il est difficile / certain / possible **de** réussir.
    成功するのは難しい／確かだ／可能だ.

- **il manque** + 名詞：「〜が欠けている」

    Il manque le dernier volume de cette encyclopédie.
    この百科事典の最後の巻が欠けている.

- **il reste** + 名詞：「〜が残っている」

    Il reste encore un examen aujourd'hui.
    今日まだ試験が1つ残ってるんだ.

valoir の1人称複数は nous valons…

falloir, valoir の活用は3人称単数を覚えておけば大丈夫ですよ…

Situation 8 | Si on allait voir le grand Bouddha ?

EXERCICES II.

非人称構文の文を作りましょう。 〔時制にも気をつけて！〕

例) そこに行くには,「東山」のバス停で降りねばならない．
　　Pour y aller, (il faut) descendre à l'arrêt de bus « Higashi-yama ».

1) 昨年の冬はとても寒かった．
　　L'année dernière, (　　　　　　　) très froid en hiver.

2) よく知っている人に聞いてみたほうがいいでしょう．
　　(　　　　　　　) mieux demander à un connaisseur.

3) 20年前にはこのお寺には茶室がありました．
　　Il y a vingt ans, (　　　　　　　) une maison de thé dans ce temple.

4) ここから駅まで15分かかる．
　　(　　　　　　　) quinze minutes pour aller d'ici à la gare.

5) その芝居の席を予約するのに，長い間待たねばならなかった．
　　Pour réserver des places pour cette pièce de théâtre, (　　　　　　　) attendre longtemps.

6) ここは禁煙です．
　　(　　　　　　　) interdit de fumer ici.

7) ヴァカンスまでまだ２日残っている．
　　(　　　　　　　) encore deux jours avant les vacances.

8) リュシーが着いたときにはもう正午だった．
　　(　　　　　　　) déjà midi quand Lucie est arrivée.

〔活用大王の好きにさせてあげてください…〕

GRAMMAIRE III 中性代名詞 (2) en, le

Les pronoms neutres (2) : en, le

> Situation 7 で y を扱いましたね．中性代名詞は他に **en, le** があります．

> en は前置詞，le は定冠詞や直接目的語人称代名詞（3人称単数男性）じゃなかったの？

> 同じ綴りだけど別の語なんです．

● **en**

1) 不定冠詞や部分冠詞の付いた直接目的語に代わる．動詞の直前に置き，数量表現を（動詞の）後ろに置くことができる．

— Vous voulez du café ? — Oui, j'**en** veux. (= *du café*)
「コーヒーをお望みですか？」「はい，欲しいです」

— Tu as des chats ? — Oui, j'**en** ai deux.
「ネコを飼っているの？」「うん，2匹」

2) de + 名詞・代名詞や節の置き換え

J'ai fait une erreur. Mais n'**en** parlons plus. (= *de cette erreur*)
私は過ちを犯しました．でももうそのことは話さずにおきましょう．

● **le**

1) 文や不定詞などを受け，「それを」「そのことを」（直接目的語）を表す．

Il est menteur et tout le monde **le** sait (= *qu'il est menteur*).
彼は嘘つきであり，皆がそのことを知っている．

2) 属詞を受ける．

Si tu es d'accord, je **le** suis aussi. (= *d'accord*)
もし君がいいのなら，僕もそうだよ．

EXERCICES III.

中性代名詞 y または en あるいは le を (　) に入れましょう.

例) トマトを買われますか？　どれくらいご入り用ですか？
Vous prenez des tomates ? Alors, vous (　en　) voulez combien ?

☐ 1) 今日パリに行き，明日（そこから）帰ってきます．
Je vais à Paris aujourd'hui, et j'(　　　) reviens demain.

☐ 2) 「明日，法隆寺に行かない？」「喜んで！（そこへ）行きましょう！」
— Si on allait au temple Hōryū-ji demain ?
— Avec plaisir ! Allons-(　　　) !
＊si + 半過去「〜してみたら」勧誘の表現（p. 190 を参照）.

☐ 3) 君がアメリカへ発つ気なら，僕もそうだよ．
Si tu es prête à partir pour les États-Unis, je (　　　) suis aussi.

☐ 4) 「ニコラが明日誕生パーティーを開く．友だちみんなを招待するんだ」
「えっ，どうして私にはそのことを話してくれなかったのかな」
— Nicolas va faire une fête pour son anniversaire demain.
　Il (　　　) invite tous ses amis.
— Oh, mais pourquoi il ne m'(　　　) a pas parlé ?

☐ 5) 「セザンヌの展覧会が明日から始まるの知ってる？」
「うん，（そのことを）知ってるよ」
— Tu sais que l'exposition de Cézanne va commencer dès demain ?
— Oui, je (　　　) sais.

GRAMMAIRE IV. 前置詞（句）

Les locutions prépositives

よく使う前置詞（句）を確認しましょう．

à	〜に，〜へ（方向，到達点）
de	〜の（限定），〜から（起源・出発点）
en	〜に，〜で（場所，時，状態）
dans	〜の中に
avec	〜と一緒に
sans	〜なしに
sur	〜の上に，〜について
sous	〜の下に
pour	〜に向かって，〜のために
chez	〜の家に，〜店で
devant	〜の前に（で）（場所）
derrière	〜の後ろに（場所）
avant	〜より前に（時間）
après	〜の後で（時間）
pendant	〜の間
depuis	〜から，〜以来（過去に起点）
à partir de	〜から，〜以後（現在以降に起点）
jusqu'à	〜まで（場所・時間）

à, de の後に定冠詞 le, les が続くときは縮約を忘れないように気をつけましょう（前置詞と定冠詞の縮約：p. 36 を参照）．

Promenons-nous jusqu'au jardin du Luxembourg.
リュクサンブール公園まで散歩しましょう．

Ouaf !

沢山あって覚えるのが大変！

Situation 8 | Si on allait voir le grand Bouddha ?

EXERCICES IV.

（　）に適切な前置詞（句）を入れましょう． 082

例）最初の通りを右に曲がってください．
　　Prenez la première rue (　à　) droite.

1) 桜島を見るために鹿児島へ行く．
　　Je vais à Kagoshima (　　　　　　　) voir le Sakurajima.

2) この美術館には広重の浮世絵があります．
　　Il y a des *ukiyo-e* de Hiroshige (　　　　　　　) ce musée.

3) 金曜の夜までにこの仕事を終えよう．
　　Terminons ce travail (　　　　　　　) vendredi soir.

4) お寺は何時まで開いていますか？
　　(　　　　　　　) quelle heure le temple est-il ouvert ?

5) 渋谷のハチ公の前で待ってるわ．
　　Je t'attends (　　　　　　　) la statue de Hachikō à Shibuya.

6) お車でお出でですか？
　　Est-ce que vous venez (　　　　　　　) voiture ?

7) 土曜日，私たちは雨の中を駅から家まで歩きました．
　　Samedi, nous avons marché (　　　　　　　) la gare à la maison sous la pluie.

8) 庭園は冬休みの間閉まっている．
　　Le jardin est fermé (　　　　　　　) les vacances d'hiver.

9) 展覧会は6月10日から開催です．
　　L'exposition va avoir lieu (　　　　　　　) 10 juin.

> à と de, avec と sans, sur と sous のように対義語をセットにして覚えてみたら？

EXPRESSIONS & ASTUCES 役に立つ表現

日本語からフランス語へ

> 動詞の前に置く代名詞がいろいろあって，どれを選んだらいいか分からない！

> 動詞には直接目的語を取るものと，前置詞 à や de を伴って，間接目的語を取るものがあります．それぞれの動詞に合った代名詞を組み合わせなければいけませんね．

● visiter, voir, lire + 名詞… → 直接目的語人称代名詞 le, la les

- 彼女は今日オルセー美術館を訪れました．明日もう1度訪ねるつもりです．
  → 彼女は明日もう1度**そこ**を訪ねるつもりです．

  Elle a visité le musée d'Orsay aujourd'hui. Elle va **le** visiter encore une fois demain.

● téléphoner à, écrire à + 名詞… → 間接目的語人称代名詞（lui, leur など）

- 君はよく奥さんに電話するの？— はい，毎日しますよ．→毎日**彼女に**電話しますよ．

  — Tu téléphones souvent à ta femme?

  — Oui, je **lui** téléphone tous les jours.

● aller à, penser à, participer à + 名詞（相当のもの）… → 中性代名詞 y

- ラファエルは毎週木曜の夕方書道の教室に通っている．シャルロットも通っている．
  →シャルロットも**そこ**に通っている．

  Raphaël participe à l'atelier de calligraphie chaque jeudi soir. Charlotte aussi **y** participe.

● parler de, venir de, se souvenir de, avoir besoin de + 名詞（相当のもの）…
→ 中性代名詞 en

- 我々は一緒にそこへ行ったね．**そのこと**を覚えてる？
  Nous y sommes allés ensemble. Tu t'**en** souviens ?

主語と動詞を何にすればいいか分からない！

・対処法1　まずは日本語で「主語＋動詞」をはっきりさせよう．
・対処法2　非人称構文やc'est... あるいは命令文を考えよう．

- 入場料は大人400円，子どもは無料です．
1 → **入場は**大人にとっては400円**かかり**，（その入場料は）子どもに関しては**無料です**．

  L'entrée coûte quatre cents yens pour les adultes, mais **elle est gratuite** pour les enfants.

2 → 入場のために400円払う**必要があります**が，（それは）子どもに関しては無料です．

  Il faut payer quatre cents yens pour l'entrée, mais **c'est gratuit** pour les enfants.

- ナントはパリからTGVで約2時間だ．
1 → ナントはTGVでパリから約2時間の**距離にある**．

  Nantes est à environ deux heures de Paris en TGV.

2 → TGVでパリからナントに行くためには約2時間**必要である**．

  Il faut environ deux heures pour aller de Paris à Nantes en TGV.

- 大阪ドームは，大阪駅からJR環状線で約12分，大正駅下車です．
2 → 大阪ドームへ行くためには，大阪駅からJR環状線**に乗り**，大正駅**で降りる必要があります**．約12分**かかります**．

  Pour aller au Dôme d'Osaka, **il faut prendre** la ligne de JR Kanjō à la gare d'Osaka, **et descendre** à la gare de Taishō. **Il faut** environ douze minutes.

THÈME
situation 8
こまぎれ作文

> 勧誘・案内を自由にできるようにしましょう！

083
1) 紅茶を飲みますか？

2) 東京駅で降りなければいけません．

3) 美術館の入場料は700円です．

4) 名古屋城に行きませんか？

5) 駅から徒歩で20分かかります．

6) その美術館は9時から18時まで開いています．

7) 「マルセイユ滞在は？」「素晴らしい思い出だよ」
   — Et ton séjour à Marseille ?

8) 「アリス，君はモンプリエから来たの？」「うん，そこから来たのよ」
   — Alice, tu viens de Montpellier ?

9) 「サブリナ，京都に住みたいって本当？」「はい，住みたいです」
   — Sabrina, est-il vrai que tu veux habiter à Kyoto ?

10) 「彼女が既婚だって知ってた？」「うん，知っていたよ」
    — Tu savais qu'elle était mariée ?

Des clefs pour écrire ヒント

Vocabulaire utile (p. 137) も参考にしてください．

1) いくらかの量を飲むので，部分冠詞．

2) 「しなければならない」は il faut を使いましょう．

3) 「入場料」を主語にする場合と，非人称構文を使う場合の２通りを考えてみましょう．

4) 城：château (*m.*)．勧誘には si on + 動詞の半過去形を使いましょう．（一緒に行けたら）「私は嬉しい」(je serais content) 等の表現が省略された文です（p. 190を参照）．

5) il faut を使いましょう．

6) 一般的な人を主語にする場合と，美術館を主語にする場合の２通りが考えられます．

7) 「素晴らしい思い出だよ：〜について素晴らしい思い出を抱いている → garder un excellent souvenir de... と考えます．ここでは de 以下を中性代名詞 en で受けましょう．

8) 「そこから」を受ける中性代名詞は en

9) 「そこに」を受けるのは y ですね．関係する動詞 habiter の直前に置きましょう．

10) 「知っていた」内容を中性代名詞 le で受けます．時制に注意しましょう．

使いそうな構文を覚えておきましょう．
会話では単語を入れ替えればいいですね！

cent quarante-neuf 149

Thème

PRATIQUE 場面で作文
Situation 8

> ジャン=ポールさんを
> 鎌倉に案内します！

　鎌倉の有名な大仏は高徳院というお寺の境内にあります．寺は鎌倉市の中心に位置しています．朝8時から夕方5時まで訪れることができます．そこへ行くには，鎌倉駅から江ノ島電鉄に乗り，長谷駅で降ります．約10分です．拝観料は大人200円です．

　たくさんの芸術家が鎌倉の町に住みました．たとえば小津安二郎や川端康成などが挙げられます．そういえば，鎌倉文学館をご存知ですか．もしお望みなら，そこに行くこともできますよ．

　夜には居酒屋へ夕食を食べに行きましょう．新鮮なお魚を食べて，美味しい地酒を飲みましょう！　きっといい思い出になりますよ．

Des clefs pour écrire　ヒント

Vocabulaire utile (p. 137) も参考にしてください.

- 鎌倉の大仏：le grand Bouddha de Kamakura
- 高徳院というお寺：le temple Kōtoku-in.「禅宗の」de la secte zen と付け加えてもよいでしょう.
- 〜に位置している：se situer à …（p. 38 を参照）
- 江ノ島電鉄（江ノ電）：le train Enoden
- 〜（の名）を挙げる：citer
- そういえば：d'ailleurs
- 鎌倉文学館：musée de littérature de Kamakura
- 💡 もしお望みなら →「もしあなたがそのことを望むなら」と考えましょう.
- 〜を望む：désirer
- 居酒屋：bistrot japonais
- 地酒：saké (*m.*) de pays

C'est bon ?

Oui, c'est délicieux !!!

あなたのお勧めの場所はどこですか？

Intervalle 2 主語の選び方・動詞から名詞へ

Le sujet et le verbe

> 日本語の文は主語が無くても成立するので，文を考える時に，主語をどう決めたらいいのか分かりません！

⇒対策1   tu / vous / on から始めてみましょう．

例えば，日本を旅行するフランス人に次のようなことを教えてあげたいとき，主語は何にすればいいでしょうか．

> 空港で荷物を預けることができますよ．

この場合，荷物を預ける「人」を主語にするのが最も簡単です．その人が誰なのかを特定する必要がないとき，tuで話す間柄の人にはtuを，複数の相手や丁寧に話す相手にはvousを使います．「荷物」が誰の荷物なのかに気をつけましょう．

Tu peux déposer **tes** bagages à l'aéroport.

Vous pouvez déposer **vos** bagages à l'aéroport.

また，一般的な人，不特定の人を指すon（3人称単数）を主語にすることもできます．

On peut déposer **ses** bagages à l'aéroport.

では，次の文ではどうでしょうか．

> この公園では，春になると満開の桜を見ることができますよ．

桜を見ることができる「人」として，tu, vous, on など適当な人を設定すればよいですね．

Dans ce parc, au printemps, **tu** peux / **vous** pouvez / **on** peut voir des cerisiers en fleur.

⇒対策2　ça / cela が主語になる定番の構文を使ってみよう．

「これ，それ，あれ」を意味する ça（cela のくだけた形）を主語とすることもよくあります．まずは例文を丸ごと覚えて，そのまま使ってください．慣れてきたら，部分的に単語を入れ替えて応用しましょう．

(1) その場の状況やすでに話題になった物事を ça で表す．

　　それはどういう意味？　　　Ça veut dire quoi ? (Qu'est-ce que ça veut dire ?)
　　おいくらですか？　　　　　Ça coûte combien ? / Ça fait combien ?
　　良い／嫌な／チョコレートの匂いがする．　Ça sent bon / mauvais / le chocolat.
　　嬉しいです．　　　　　　　Ça me fait plaisir.
　　私はどちらでも構いません．　Ça m'est égal.
　　何でもありませんよ．　　　Ça ne fait rien.
　　思い出せません．　　　　　Ça m'échappe.
　　（それは）心当たりがあります．　Ça me dit quelque chose.
　　（それは）〜と全く違います．　Ça n'a rien à voir avec...

(2) ça で始めておいて，後から何を指すのか説明する．

　　ここでギターを弾いたら迷惑かな？
　Ça te dérange si je joue de la guitare ici ?
　　この本を君に貸すのはちょっと困るんだけど．
　Ça me gêne un peu de te prêter ce livre.
　　君の仕事，調子はどう？　Ça marche, tes affaires ?

⇒対策3　　人以外の名詞を主語にしてみよう．

　物や概念を表す語を主語とする無生物主語構文は，フランス語でよく使われます．詳しくは p. 166 を参照してください．

　正解は 1 つではありません．これらの対策を使い分け，ワンパターンに陥らないようにしたいものです．

動詞を複数使う文を作ろうとすると，時制で迷ってしまいます！

⇒対策　　名詞を使えば活用いらず！
動詞を減らしてしまうのも 1 つの手だね．

　実は動詞 1 つの文で表現できることもあります．

- 僕は10歳の時にこの本を読んだ．
  J'ai lu ce livre, <u>quand j'avais dix ans</u>．（半過去）
  → J'ai lu ce livre **à l'âge de dix ans.**

- 足に怪我をしていたため，翼はプレーを続けられなかった．
  Tsubasa n'a pas pu continuer à jouer, <u>parce qu'il s'était blessé à la jambe</u>.（大過去）
  → Tsubasa n'a pas pu continuer à jouer, **à cause de sa blessure à la jambe.**

- 日本を訪れるのは初めてですか？
  Est-ce que <u>vous visitez</u> le Japon pour la première fois ?（現在）
  → Est-ce que c'est **votre** première **visite** au Japon ?

- 私たちが出発したとき，東京は大雨だった．
  <u>Lorsque nous sommes partis</u>, il pleuvait beaucoup à Tokyo.（複合過去）
  → **Lors de notre départ**, il pleuvait beaucoup à Tokyo.

- 問題があれば，遠慮なく私に電話してください．
  <u>Si vous avez des problèmes</u>, n'hésitez pas à me téléphoner.（現在）
  → **En cas de problème**, n'hésitez pas à me téléphoner.

辞書を引いたときに，関連する名詞・形容詞・副詞・動詞があるかどうか確認するのも大事ですね！
そうやってどんどん語彙を増やしていきましょう．

Ouaf !

cent cinquante-cinq 155

動詞から名詞へ

Situation 9

Connais-tu les podcasts ?
ポッドキャストを知っていますか？ ——詳しく説明する

Kana: シャルロットに，どうやって私がフランス語を勉強しているかを説明したい！ フランス語上達のツールはネット上にも沢山あるのよ．

これが言いたい！

ポッドキャストは
ネット上でダウンロードできる
オーディオ番組です．

文中の単語に説明を付け加えるには？
Ⅰ：関係代名詞（1）qui　　p. 158
Ⅱ：関係代名詞（2）que　　p. 160

これらの番組のおかげで，
1人でフランス語の勉強が
できます．

理由を説明するには？
Ⅲ：理由を表す接続詞・表現　　p. 162

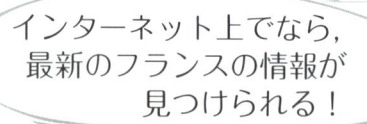

インターネット上でなら，
最新のフランスの情報が
見つけられる！

「インターネット上でなら」という部分を強調したい！
Ⅳ：強調構文　　p. 164

フランス語らしいフランス語へ ⇒ *EXPRESSIONS*　　p. 166

使える単語・熟語集 ——Vocabulaire utile——

● 情報関係の用語　termes (*m.*) informatiques

- [ ] パソコン　　　　ordinateur (*m.*)
- [ ] 電子辞書　　　　dictionnaire (*m.*) électronique
- [ ] 電子書籍リーダー　　liseuse (électronique) (*f.*)
- [ ] タブレット　　　tablette (*f.*)
- [ ] マウス　　　　　souris (*m.*)
- [ ] 画面・スクリーン　　écran (*m.*)
- [ ] プリンター　　　imprimante (*f.*)
- [ ] ソフト　　　　　logiciel (*m.*)
- [ ] アプリ　　　　　application (*f.*)
- [ ] ソーシャル・ネットワーク　réseau (*m.*) social
- [ ] 掲示板　　　　　forum (*m.*) / fora, forums (*pl.*)
- [ ] ブログ　　　　　blog (*m.*)
- [ ] パスワード　　　mot (*m.*) de passe
- [ ] ネット経由で　via Internet
- [ ] ネットにつなぐ　　　　se connecter à Internet
- [ ] ネットサーフィンする　surfer / naviguer sur Internet
- [ ] サイトを訪れる　　　　visiter un site (internet)
- [ ] サイトに行く　　　　　aller sur un site
- [ ] サイト／動画を閲覧する　consulter un site / une vidéo
- [ ] 動画を公開する　　　　publier une vidéo
- [ ] ポッドキャストを購読する　s'abonner à un podcast (*m.*)
- [ ] サイトに登録する　　　s'inscrire sur un site (internet)
- [ ] クリックする　　　　　cliquer
- [ ] ～をダウンロードする　télécharger
- [ ] 検索する　　　　　　　faire une recherche
- [ ] ～をウェブ上にアップする　mettre ... en ligne
- [ ] ファイルを保存する　　　sauvegarder un document

cent cinquante-sept　157

Vocabulaire

GRAMMAIRE
関係代名詞（1）qui
Le pronom relatif (1) : qui

　ある名詞について情報を追加したいとき，関係代名詞を用いることがあります．関係代名詞は qui, que, dont の3種類です．ここでは **qui** を使って下の文に情報を追加してみましょう．

　Kana a trouvé un site intéressant.
　加奈は興味深いサイトを見つけた．

　この文の主語「加奈」について，「彼女はネットサーフィンをしていた」という情報を追加したいとします．この情報の中で，「加奈」の占める位置は主語にあたります．こういうときは qui の出番です．

　Kana, **qui** surfait sur Internet, a trouvé un site intéressant.
　先行詞　　　関係詞節（先行詞について付け加える情報）
　ネットサーフィンをしていた加奈は，興味深いサイトを見つけた．

　qui を使うときは，関係詞節内の動詞や形容詞などは，先行詞の性数に一致させます．今度は「サイト」に対して，「このサイトはパリのおいしいレストランを紹介する」という情報を追加しましょう．情報の中で「サイト」の占める位置は主語になります．

　Kana a trouvé un site intéressant **qui** présente de bons restaurants à Paris.
　加奈はパリのおいしいレストランを紹介する興味深いサイトを見つけた．

● 関係代名詞と指示代名詞　celui / celle / ceux / celles （p. 90を参照）．
　先行詞に指示代名詞を使う文も作れます．

　Vous voyez ces enfants : mon fils est **celui qui** joue à la balle.
　子どもたちが見えますね．私の息子はボールで遊んでいる子です．

　Ce site est fait pour **ceux qui** aiment le vin français.
　このサイトはフランスワインを愛する人々のために作られています．

> 先行詞は物でも人でも OK です．先行詞 → 関係代名詞節という流れは日本語と逆だから，文を考えるときには「まず名詞，追加情報は後」と心がけてね．

EXERCICES I.

a) 先行詞と関係代名詞節を選び，日本語に対応する文を作りましょう．

> des programmes audio   un blog   ceux

> qui a beaucoup de visiteurs
> qui s'écoutent sur Internet
> qui s'intéressent à la cuisine française

☐ 1) ポッドキャストはインターネット上で聴けるオーディオ番組だ．

   Les podcasts sont _____

☐ 2) フランス料理に興味を持つ人々は，よくこのサイトを訪れている．

   _____ visitent souvent ce site.

☐ 3) メラニーはたくさんの訪問者を持つブログを運営している．

   Mélanie gère _____

b) 関係代名詞 qui を使って上の文に下の文の情報を追加し，日本語に適した文を作りましょう．

☐ 1) Naoto visite souvent un forum.
   Ce forum parle de foot.
   直人はサッカーを話題にする掲示板をよく訪れる．

   _____

☐ 2) Mon grand-père parle un peu arabe.
   Il a vécu un certain temps au Maghreb.
   祖父はマグレブで暮らしたことがあり，アラビア語が少し話せる．

   _____

GRAMMAIRE 11. 関係代名詞 (2) que
Le pronom relatif (2) : que

　先行詞（名詞）が，追加情報となる関係詞節の中の動詞に対して直接目的語にあたるときには，関係代名詞 **que** を使います．

Ce site propose des logiciels gratuits.
このサイトは無料のソフトを提供しています．

　上の文の「ソフト」に対して，「多くの人がこれらのソフトをダウンロードしている」という情報を追加するとします．フランス語では Beaucoup de gens téléchargent ces logiciels. となり，ダウンロードするのは「多くの人」（主語）で，「ソフト」は直接目的語になることが分かります．こういう場合，関係代名詞 que が使えます．

Ce site propose des logiciels gratuits **que** beaucoup de gens téléchargent.
このサイトは多くの人がダウンロードしている無料ソフトを提供しています．

> 動詞「ダウンロードする」の主語は「多くの人」だから，活用は3人称複数だ！

● 複合過去の過去分詞と先行詞の性数一致

　que の先行詞が女性名詞または複数形で，後の動詞が複合形のとき，過去分詞は先行詞の性数に一致させます．

Cette tablette **que** j'ai achet**ée** hier est très pratique.
昨日買ったこのタブレットはとても便利だよ．

Naoto regarde des photos **qu'**Alice a publi**ées** sur son blog.
直人はアリスがブログ上で公開した写真を見ている．

> que の後に母音または h で始まる単語が続くとエリジオンするのを忘れないで．

Situation 9 | Connais-tu les podcasts ?

EXERCICES 11.

a) 先行詞と関係代名詞節を選び，日本語に対応する文を作りましょう．

> l'école de français   l'ordinateur   deux sites

> qu'il visitait souvent   que je lui ai recommandée
> que j'ai acheté la semaine dernière

1) これは，私が先週買ったパソコンです．

   C'est

2) 私の祖父は私が薦めたフランス語学校に通っている．

   Mon grand-père va à

   .

3) 彼がよく訪れていた2つのサイトが最近閉鎖した．

   ont fermé ces derniers temps.

b) 関係代名詞 que を使って上の文に下の文の情報を追加し，日本語に適した文を作りましょう．

1) Il a mis en ligne des vidéos.   Il avait pris ces vidéos en France.
   彼はフランスで撮影した動画をアップした．

2) Il a oublié le mot de passe.
   Il avait choisi ce mot de passe l'année dernière.
   彼は去年自分が選んだパスワードを忘れた．

> 動詞の時制の使い分けは大丈夫？ b1)「撮影した」のは「アップした」より前だから，2)「選んだ」のは「忘れた」より前だから大過去 (p. 74) になっています．

GRAMMAIRE III 理由を表す接続詞・表現
L'expression de la cause

理由を言うとき，いつも parce que（p. 96 を参照）に頼っていませんか？ 様々な理由を表す表現を使いこなして，より自然で豊かなフランス語を目指そう．

- **puisque**：「～なのだから」

  parce que が相手がまだ了解していない原因を説明するのに対し，相手も了解している事柄を述べて説得しようとするときに使います．

  Repose-toi bien, **puisque** tu viens de sortir de l'hôpital.
  退院したばかりなんだから，ゆっくり休みなさい．

- **car**：「というのは～だから」

  主に書き言葉で理由・状況を説明するのに用います．
  parce que は文頭に置くことがあるが，car は基本的に主節の後ろに置きます．

  Ce logiciel s'est bien vendu **car** il était très novateur.
  このソフトはよく売れた．というのも大変に革新的だったからだ．

- **si..., c'est que...**：「…なのは…だからだ」

  Si je t'écris aujourd'hui, **c'est que** j'ai besoin de ton aide.
  今日君にメール（手紙）を書くのは，君の助けが必要だからなんだ．

- **à cause de** + 名詞：「～のせいで」（悪い状況の理由を説明する）

  Je n'ai pas pu imprimer votre document **à cause d'**une panne de mon imprimante.
  プリンターが故障したせいで，あなたのファイルを印刷できませんでした．

- **grâce à** + 名詞：「～のおかげで」（良い状況の理由を説明する）

  Grâce à ce logiciel, on peut téléphoner via Internet.
  このソフトのおかげでインターネット経由で電話することができる．

- **faute de** + 無冠詞名詞：「～がない（足りない）ので」

  Faute d'argent, Lucie n'a pas pu acheter cette tablette.
  お金がないので，リュシーはそのタブレットを買えなかった．

EXERCICES III.

parce que 以外の表現を（　）に入れて，文を完成させましょう．

例）フランスに行くと決めた以上は，もっと勉強しないといけないね．
　　Il faut étudier plus, (　puisque　) tu as décidé d'aller en France.

☐ 1) 情報が足りず，加奈はその書類を今日中に完成させることができない．
　　(　　　　　　　　) informations, Kana ne peut pas achever ce dossier pour aujourd'hui.

☐ 2) 私たちは友人同士なのだから，率直に話しましょう．
　　Parlons franchement, (　　　　　　　　) nous sommes amis.

☐ 3) 加奈の助言のおかげで，淳子はそのソフトをダウンロードできた．
　　(　　　　　　　　) conseils de Kana, Junko a pu télécharger ce logiciel.

☐ 4) 返事が遅くなったのは，出張中だったからです．
　　(　　　　　　　) j'ai tardé à te répondre, (　　　　　　　　) j'étais en voyage d'affaires.

☐ 5) ウイルスのせいで，パソコンが動かなくなった．
　　Mon ordinateur ne marche plus (　　　　　　　　) un virus.

☐ 6) 私はあるソーシャル・ネットワークに登録している，というのも友人の多くがそれを使用しているからだ．
　　Je suis inscrit sur un réseau social, (　　　　　　　　) beaucoup de mes amis l'utilisent.

> うーん，穴埋めはできるけど，自分で作文するときに使えるか？が問題よね．文脈によって微妙にニュアンスも違うし，文全体の中で接続詞や表現を覚えたほうがよさそう！

cent soixante-trois 163

理由を表す接続詞・表現

GRAMMAIRE situation 9 IV. 強調構文
La phrase emphatique

文章の流れの中で，文中の特定の要素を強調する必要があるときには強調構文を用います．下の文を使って，強調構文を作ってみましょう．

Paul a envoyé ces documents à Kana hier.
ポールは昨日これらのファイルを加奈に送った．

● 主語を強調したいとき：c'est (ce sont)... qui...

C'est Paul **qui** a envoyé ces documents à Kana hier.
昨日加奈にこれらのファイルを送ったのはポールだ．

強調構文で人称代名詞を使うときは，強勢形（p. 124 を参照）を用います．

C'est **lui** qui a envoyé ces documents à Kana hier.
昨日加奈にこれらのファイルを送ったのは彼だ．

● 主語以外の要素を強調したいとき：c'est (ce sont)... que...

主語以外の要素を強調する場合には que を使います．直接目的語が que の前に来る場合，複合形の過去分詞は性数一致させます．

Ce sont ces documents **que** Paul a envoyé**s** à Kana hier.
ポールが昨日加奈に送ったのはこれらのファイルだ．

C'est à Kana **que** Paul a envoyé ces documents hier.
昨日，ポールがこれらのファイルを送った相手は加奈だ．

C'est hier **que** Paul a envoyé à Kana ces documents.
ポールが加奈にこれらのファイルを送ったのは昨日だ．

● 強調構文と最上級

強調構文は最上級（p. 108 を参照）と組み合わせてよく使われます．

C'est Pauline **qui** a travaillé **le plus** parmi nous.
我々の中で最も働いたのはポーリーヌだ．

J'aime les romans français en général et **c'est** ce roman **que** j'aime **le plus**.
私はフランスの小説全般が好きで，一番好きなのはこの小説です．

EXERCICES IV.

a) 日本語を参考に，下線部を強調する文に書き換えましょう．

1) 最初に到着したのは私です．
   Je suis arrivé le premier.
   → ....

2) 私たちの中で最も上手にフランス語を話せるのは彼だ．
   Il parle français le mieux parmi nous.
   → ....

3) 私の弟が最も好きなのはこのマンガです．
   Mon petit frère aime le plus ce manga.
   → ....

b) まず基本文を読んでください．それについて間違った質問がされますので，例にならって強調構文を使い訂正しましょう．

基本文) — Paul a offert une bague à Kyōko pour Noël.
「ポールは京子にクリスマスに指輪を贈った」

例) — Paul a offert une bague à Léa pour Noël ?
「ポールがレアにクリスマスに指輪を贈ったの？」
— Non, c'est à Kyōko que Paul a offert une bague pour Noël.
「いや，ポールがクリスマスに指輪を贈ったのは京子にだよ」

1) — Paul a offert une bague à Kyōko pour son anniversaire ?
   — Non, ...

2) — Éric a offert une bague à Kyōko pour Noël ?
   — Non, ...

3) — Paul a offert un sac à Kyōko pour Noël ?
   — Non, ...

「指輪」は女性名詞．注意しましょう．

EXPRESSIONS & ASTUCES 役に立つ表現

> 無生物を主語にする文を作ってみましょう．

フランス語らしいフランス語へ

次の２つの文を見比べてください．

　　Cet acteur parle de cinéma.　この俳優は映画について話している．
　　Ce podcast parle de cinéma.　このポッドキャストは映画を話題にしている．

上の文の主語は人，下は物です．フランス語では物（無生物）を主語とする構文を頻繁に使用します．日本語話者が思いつきにくい文型なので，日本語に直訳して理解しようとすると不自然・硬い印象になることがあります．あまり日本語にとらわれず，例文をよく読み，文の構造はそのままで，部分的に単語を置き換えて作文の練習をしてみましょう．

- **parler de...**：「〜について語る，〜を話題にする」

  Ce magazine **parle** souvent **de** mode.
  この雑誌はよくモードを話題にする．

- **permettre de** ＋ 不定詞：「〜することを可能にする，〜のおかげで〜できる」

  Ce smartphone (téléphone intelligent) **permet de** se localiser.
  このスマートフォンのおかげで自分のいる場所を確認することができます．

- **aider à** ＋ 不定詞：「〜する助けになる」

  Ce site **aide à** trouver des informations pratiques sur les visas.
  このサイトはビザに関する便利な情報を見つける助けになる．

- **servir à** ＋ 不定詞：「〜するのに使える」

  Cette liseuse **sert à** lire des livres n'importe où.
  この電子書籍リーダーは，どんな場所でも本を読むのに使える．

- **demander**：「〜を要求する，〜を必要とする」

  Ce voyage d'affaires **demande** quatre jours.
  この出張には４日かかる．

- **nécessiter**：「〜を必要とする」

  Ce site **nécessite** un mot de passe.
  このサイトではパスワードが必要だ．

EXERCICES

Vocabulaire utile (p. 157) も参考にしてください．

主語と動詞を組み合わせて，日本語に合うように文を作りましょう．
092

主語

| ce site　ce logiciel　ce projet |
| ces podcasts　ces outils |

動詞

| demander　permettre　servir |
| parler　aider |

☐ 1) このソフトのおかげで様々なファイルを閲覧できる．

....

☐ 2) このサイトはフランス語文法の勉強の助けになる．

....

☐ 3) これらの道具はインターネットサイトを作る (créer) のに使える．

....

☐ 4) これらのポッドキャストでは歴史を話題にしている．

....

☐ 5) このプロジェクトには3週間かかる．

....

> 無生物が主語になるということは，動詞の活用は3人称になるんだな．ここに出てきた動詞の活用をもう1度確認しておこう．

THÈME こまぎれ作文

Situation 9

> 関係代名詞や接続詞，どんどん使ってみましょう．

1) 彼らはネット経由で電話ができるソフトを使っている．

2) シャルロットは友人の多くが使っている掲示板に登録している．

3) ネット経由で話せるので，君はフランスの家族とのつながりを維持できるね．

4) 私は，政治と歴史を話題にしているポッドキャストを聞いている．

5) 電子辞書のおかげで，学生たちはいつも複数の辞書を携帯できる．

6) 私が最も頻繁に訪れるのはこのブログだ．

7) 彼は複数のポッドキャストを購読しており，それで彼はフランス語を勉強することができる．

8) このアプリは写真を加工するのに使える．

Des clefs pour écrire　ヒント

Vocabulaire utile (p. 157) も参考にしてください．

1) 「ソフト」の詳細を関係代名詞 qui を使って説明します．「〜ができる」は permettre de ＋ 不定詞を使います．無生物主語構文（p. 166）を参考にしてください．

2) 〜に登録している：動作ではなく状態を表すので，s'incrire sur... ではなく être inscrit(e) sur... を使いましょう．「掲示板」という名詞の詳細を関係代名詞 que 以下で説明します．友人の多く：beaucoup de ses amis

3) 〜との連絡を保つ：garder le contact avec...「なぜなら」は，相手も了解済みの理由を述べるニュアンスで，puisque を使いましょう．「（お互いに）話すことができる」pouvoir se parler の主語は誰になりますか．

4) 「ポッドキャスト」についての説明に関係代名詞 qui を使います．政治：politique (f.)

5) 〜のおかげで：無生物主語構文にすることもできますが，ここでは日本語の構文に則して grâce à... を使ってみましょう．「〜を携帯する」は avoir... sur ＋人称代名詞強勢形

6) 「このブログ」を強調する構文にしましょう．強調構文は最上級とともに使われることが多いのでしたね．

7) 「複数の」は plusieurs です．「購読している」は2)と同様に状態を表すので，s'abonner à... ではなく être abonné(e) à... を使いましょう．後半は，1)と同じく関係代名詞 qui を用い，「フランス語を勉強することを（彼に）可能にするポッドキャスト」と読み変え，permettre を使いましょう．

8) 「アプリ」を主語にして文を作りましょう．〜を加工する：retoucher

思い切って，パソコンやネット上のアカウントの言語設定をフランス語表示にしてみてはいかが？　最初は大変だけど，毎日見ていれば自然に使えるようになります．習慣の力は大きいですよ．

PRATIQUE 場面で作文
Situation 9

> 単語も構文も覚えた！ これでシャルロットに自分のフランス語の勉強の仕方について説明できるぞ！

094 ポッドキャストを知ってる？ ネット上でダウンロードできるオーディオ番組ね．

たとえば，私はフランス映画についてのポッドキャストを購読しているの．音楽やモードを話題にするポッドキャストも聞くよ．これらの番組のおかげで，1人でもフランス語の勉強ができるんだ．最新のフランスの情報が見つけられるのはインターネット上ね！

それから，私は多くの日本やフランスの友人が利用しているソーシャル・ネットワークにも登録しているよ．ネット経由で話ができるから，友人みんなと連絡を保つことができるんだ．

Des clefs pour écrire　ヒント

Vocabulaire utile (p. 157) も参考にしてください．

- ポッドキャスト：この場合，色々なポッドキャストの全体を話題にしているので複数形にします．「オーディオ番組」programme (*m.*) audioのaudio は無変化です．
- 「ダウンロードできる」の主語は「一般論としての（不特定の）人々」と捉えましょう．
- 購読している：「購読する」（動作）はs'abonner à...，「購読している（状態）」はêtre abonné(e) です．
- 1人で：seul(e)　位置は「～を勉強する」étudier の直後です．
- 見つけられる：あくまで一般論として語る場合，主語はどうなりますか．
- 最新の情報：les dernières informations
- それから：ensuite
- 登録している：「登録する」という動作ではなく状態です．
- 話ができるから：加奈は，シャルロットはソーシャル・ネットワークで話ができることをすでに了解している，と考えています．理由を表す接続詞を適切に選びましょう．「話をする」=「私たちがお互いに話す」と捉え，代名動詞を使います．

Salut, Charlotte !

どんな風にフランス語を勉強していますか？

cent soixante et onze　171

Situation 10

Je vous souhaite un bon séjour !

よいご滞在を！ ――日本の習慣について助言する

Naomasa: 初めて日本に来る方からメールをもらいました．日本の習慣について助言してあげたいのですが，どうすれば丁寧に言えるでしょう？

これが言いたい！

旅館に入るときには，玄関で靴を脱がなければいけません．

助言をするには？
Ⅰ：単純未来　　　p. 174

「～に入るとき」を簡単に言うには？
Ⅱ：ジェロンディフ　p. 176

疲れたときは，お風呂に入ってよく休んでください．

「疲れた」は？
Ⅲ：過去分詞　　　p. 178

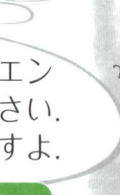

困ったときにはコンビニエンス・ストアに行ってください．大抵のものは売っていますよ．

場所の説明を付け加えるには？
Ⅳ：関係副詞 où　　p. 180

助言・忠告の表現 ⇒ EXPRESSIONS　p. 182

使える単語・熟語集 ——Vocabulaire utile——

● 忠告・推薦　conseil (*m.*) et recommandation (*f.*)

- □ 〜に助言する　conseiller
- □ 〜を推薦する　recommander
- □ 〜を提案する　proposer
- □ 〜に警告する　avertir
- □ 〜を知らせる　annoncer

- □ 助言, アドバイス　conseil (*m.*)
- □ 推薦　　　　　　recommandation (*f.*)
- □ 提案　　　　　　proposition (*f.*)
- □ 警告　　　　　　avertissement (*m.*)
- □ 通知　　　　　　annonce (*f.*)

● 日本人の習慣　les habitudes (*f.*) des Japonais

- □ 靴を脱ぐ　　　enlever ses chaussures
- □ （身をかがめて）お辞儀をする　　saluer en s'inclinant
- □ よく微笑む　　sourire très souvent
- □ 箸を使う　　　utiliser des baguettes (*f.*)
- □ 音を立てて麺を食べる　　manger des nouilles en faisant du bruit
- □ 風呂に入る　　　　　　　prendre un bain

フランス人に挨拶するときは
握手 serrer la main が基本よね.

親しくなった相手, とくに女性の場合には
bises もよくしますね.

照れる〜.

cent soixante-treize　173

Vocabulaire

GRAMMAIRE Ⅰ. 単純未来
Le futur simple

　確実性の高い近い未来のことは近接未来（p. 22を参照）で言えますが，より広く未来のことを言うときには単純未来を使います．

　単純未来の活用語尾はすべての動詞に共通で，不定詞の -r（-reのときは e を省く）の後に **-ai, -as, -a, -ons, -ez, -ont** をつけます．

> この語尾は avoir の活用とよく似ているな．

□ **lire**「読む」の単純未来

je	li**rai**	nous	li**rons**
tu	li**ras**	vous	li**rez**
il / elle	li**ra**	ils / elles	li**ront**

> 特殊な語幹を持つ動詞があります．

être → je **serai**　　　　avoir → j'**aurai**　　　　voir → je **verrai**
pouvoir → je **pourrai**　savoir → je **saurai**　　vouloir → je **voudrai**
devoir → je **devrai**　　aller → j'**irai**　　　　venir → je **viendrai**
faire → je **ferai**　　　il faut → il **faudra**　　il vaut → il **vaudra** 等．

● 単純未来の用法

1) 未来の事柄を表す

　　Je **partirai** le mois prochain.　　　　私は来月出発します．

2) 断定を避けることで語調を和らげる

　　Je vous **demanderai** de préparer un compte rendu pour demain.
　　明日のために報告書を準備してもらいたいのですが．

3) 命令・依頼を表す（2人称）

　　Tu **écouteras** ton père !　　　　　　お父さんの言うことを聞くんだよ！
　　Vous **viendrez** vers huit heures.　　8時頃に来てください．

EXERCICES   I.

[ ] 内の動詞を単純未来に活用させましょう． 096

例） 私は来月ナントにいるでしょう．　[être]
　　Je (　serai　) à Nantes le mois prochain.

1) 前もって調べるほうがいいでしょうね．　[valoir]
　　Il (　　　　　　) mieux vérifier à l'avance.

2) 私の夫は今年39歳になる．　[avoir]
　　Mon mari (　　　　　　) trente-neuf ans cette année.

3) 明日の朝までにこの仕事を終えてくださいね．　[finir]
　　Vous (　　　　　　) ce travail avant demain matin.

4) この春，フランス人の友達が私に会いに日本に来る．　[venir]
　　Mes amis français (　　　　　　) me voir au Japon ce printemps.

5) 宿題を済ませてから友だちに会いに行くんですよ．　[aller]
　　Tu (　　　　　　) voir tes amis après avoir fait tes devoirs.

6) 試験の結果はすぐに分かるでしょう．　[connaître]
　　Nous (　　　　　　) bientôt le résultat de l'examen.

7) ネクタイをする必要はないでしょう．　[être]
　　Il ne (　　　　　　) pas nécessaire de porter une cravate.

8) 知らされていなかったとは言えませんからね！　[pouvoir]
　　Vous ne (　　　　　　) pas dire qu'on ne vous a pas prévenu !

3) 5) のように，未来形を使うことで命令・依頼を婉曲に伝えられるんですよ．

なるほど．初対面の人にも使えそうだね．

GRAMMAIRE II. ジェロンディフ
Le gérondif

pendant que, quand, si などを用いた文で，同じ主語が 2 回出てくるとき，en ＋動詞の現在分詞＝ジェロンディフ を使って書き換えられます．
ジェロンディフを使うと改まった印象を与えます．

最初に現在分詞の作り方を見てみましょう．

● 現在分詞の作り方：-ant

語幹は，直説法現在 1 人称複数と同じになります．

nous mang**eons** → mang**eant**

ただし，次の動詞は例外です．

avoir → **ayant**　　　être → **étant**　　　savoir → **sachant**

まずは次の用法でジェロンディフを使ってみましょう．

● ジェロンディフの主な用法

1) 同時性：「〜しながら」「〜する（した）とき」

    Ne mange pas pendant que tu lis. → Ne mange pas **en lisant**.
    読みながら食べちゃ駄目だよ．

    Quand je suis sorti du cinéma, j'ai vu Alice.

    → **En sortant** du cinéma, j'ai vu Alice.
    映画館から出てきたとき，僕はアリスに会った．

2) 条件：「〜すれば」／ 手段：「〜することで」

    Si tu prends un taxi, tu arriveras à l'heure.

    → **En prenant** un taxi, tu arriveras à l'heure.
    タクシーに乗れば，時間どおりに着きますよ．

EXERCICES II.

次の文をジェロンディフを使って書き換えましょう.

例) 電車を降りるときに,私は携帯電話を落とした.
Quand je suis descendu du train, j'ai perdu mon portable.
→ (En descendant   ) du train, j'ai perdu mon portable.

1) そのニュースを知って,彼女は動転した.
Quand elle a appris cette nouvelle, elle a été bouleversée.
→ (   ) cette nouvelle, elle a été bouleversée.

2) 旅行客の到着を待っている間に,直正はバスの時刻を確認する.
Pendant qu'il attend l'arrivée des touristes, Naomasa vérifie les horaires du bus.
→ (   ) l'arrivée des touristes, Naomasa vérifie les horaires du bus.

3) ムーラン夫人に会いに行かれれば,喜ばれますよ.
Vous ferez plaisir à Madame Moulin, si vous allez la voir.
→ Vous ferez plaisir à Madame Moulin (   ) la voir.

4) 日本人は自転車に乗っても雨傘をさすのですか？
Est-ce que les Japonais utilisent leur parapluie même pendant qu'ils sont à vélo ?
→ Est-ce que les Japonais utilisent leur parapluie même (   ) à vélo ?

N'utilise pas ton smartphone en marchant.

Oups !

GRAMMAIRE III 過去分詞
Le participe passé

動詞の過去分詞（p. 52を参照）は単独で形容詞のように用いることができます。多くの場合受動的な意味となります（p. 112を参照）。

> 形容詞ということは，過去分詞も性数一致が必要ね。

1) 形容詞として名詞を修飾

　　Ce sont des enfants **gâtés**.　　　　甘やかされた子どもたちだ。

　　C'est une pochette **faite** à la main.　それは手作りのポシェットだ。

2) 属詞として

　　Pauline, tu es **fatiguée** ?　　　　　ポーリーヌ，疲れたかい？

　　Ce saké de pays est **réputé** au Japon.　この地酒は日本では有名ですよ。

2) 主語の同格として

　　Surprise, elle n'a pas pu répondre.
　　驚いてしまって，彼女は答えられなかった。

　　Gravement **blessé**, ce joueur a continué à jouer.
　　重傷を負っていたが，この選手はプレーを続けた。

> Soyez les bienvenus !「ようこそ！」
> Entendu !「分かりました！」
> などは，お客を迎えるのに必須の過去分詞だね。

EXERCICES III.

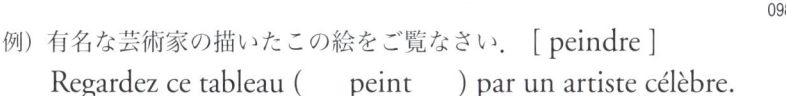

[ ]の動詞を過去分詞に変えて（ ）の中に入れましょう．
098

例) 有名な芸術家の描いたこの絵をご覧なさい．[peindre]
　　Regardez ce tableau (　peint　) par un artiste célèbre.

1) この部屋は学生用です．[réserver]
　　Cette salle est (　　　　　　　) aux étudiants.

2) これはフランス製の靴です．[fabriquer]
　　Ce sont des chaussures (　　　　　　　) en France.

3) 日本に魅了されて，ポール・クローデルは何冊もの本を書いた．
[fasciner]
　　(　　　　　　　) par le Japon, Paul Claudel a écrit plusieurs livres sur ce pays.

> 旅行記『朝日の中の黒い鳥』*L'Oiseau noir dans le soleil levant* などがありますよ．

4) それはまったくややこしい話だ．[compliquer]
　　C'est une histoire vraiment (　　　　　　　).

5) 疲れていたので，ニコラは早く寝た．[fatiguer]
　　(　　　　　　　), Nicolas s'est couché tôt.

6) 通行禁止（標識）．[interdire]
　　Passage (　　　　　　　).

7) ルノワールは孝典のお気に入りの監督である．[préférer]
　　Renoir est le réalisateur (　　　　　　　) de Takanori.

> 『大いなる幻影』は *La Grande Illusion* か．いくつになっても勉強はするもんだな．

cent soixante-dix-neuf 179

過去分詞

GRAMMAIRE IV. 関係副詞 où
L'adverbe relatif : où

「私が通った中学校」や「娘が小学校に入った年に」等，場所や時を説明するには，関係副詞 où を用います．

| 場所／時 ＋ où ＋ 説明 | の順になります．

Voilà le collège **où** j'allais quand j'étais petit.
これが，私が子どもの頃に通った中学校です．

L'année **où** notre fille est entrée à l'école primaire, nous avons emménagé dans cette ville.
娘が小学校に入学した年に，私たちはこの町に引っ越して来ました．

疑問副詞（p. 96 を参照）は場所「どこ」où と，時「いつ」quand を使い分けますが，関係副詞 où は場所・時のどちらにも使いますよ．

● oùを用いて時を表す表現

・**au moment où...**：「～した（する）とき・瞬間に」

Alice m'a téléphoné **au moment où** j'allais me coucher.
寝ようとしていたときに，アリスから電話があった．

・**le jour où...**：「～した（する）日に」

Nous avons échangé nos coordonnées **le jour où** nous nous sommes rencontrés pour la première fois.
初めて出会ったその日のうちに，私たちは連絡先を交換しあった．

・**l'année où...**：「～した（する）年に」

Mon épouse est née **l'année où** il y a eu les Jeux olympiques à Tokyo.
私の妻が生まれたのは東京でオリンピックがあった年です．

大学にいた頃に，私たちは出会ったのよね～．
あなた，ちゃんとフランス語で言える？

いや，もちろん，あの，その，はい……

EXERCICES IV.

関係副詞 où を使って２つの文を１つにしましょう．

例) 孝典は，印象派絵画がたくさんあるオルセー美術館が大好きだ．
Takanori aime bien le musée d'Orsay.
Au musée d'Orsay, il y a beaucoup de tableaux impressionnistes.
→ Takanori aime bien le musée d'Orsay où il y a beaucoup de tableaux impressionnistes.

1) 彼らはこの夏，有名な演劇祭のあるアヴィニョンを訪れる．
Cet été, ils visiteront Avignon.
À Avignon, il y a un célèbre festival de théâtre.

→

2) 私たちがよく行くこのレストランでは，料理がとてもおいしい．
Nous allons souvent dans ce restaurant.
Dans ce restaurant, les plats sont très bons.

→

3) フランスに留学していた年に，彼は今の奥さんに出会いました．
Il a rencontré son épouse cette année-là.
Cette année-là, il faisait un séjour d'études en France.

→

4) ワールドカップの決勝戦がある日に，彼女は風邪をひいてしまった．
Elle a attrapé un rhume ce jour-là.
Ce jour-là, il y a eu la finale de la Coupe du monde.

→

EXPRESSIONS & ASTUCES 役に立つ表現

忠告や助言をするときの表現

上手に使い分けましょう.

1) 命令文（強制力の強い命令） (p. 40, p. 124を参照)

   Ne sois pas pressé.　　　　　焦らなくてもいいよ.

   Compostez votre billet, s'il vous plaît !
   切符を改札に通してください！

2) 単純未来（やや婉曲な命令・依頼や助言） (p. 174を参照)

   Tu **devras** te préparer à la chaleur de l'été japonais.
   日本の夏の暑さには覚悟しないといけないだろうね.

   Vous **ne pourrez pas** forcément utiliser cette carte au Japon.
   日本でこのカードが使えるとは限らないでしょう.

   Il **sera** nécessaire de changer vos euros en yens.
   ユーロを円に両替する必要があるでしょう.

3) 動詞を使って

   Je vous **conseille** de visiter le Musée national d'ethnologie.
   国立民族学博物館を訪れることをお勧めします.

   Je te **recommande** de vérifier son adresse.
   彼の住所を確認しておくことを勧めるよ.

   Qu'est-ce que vous me **proposez** comme solution ?
   どんな解決策があるでしょうか？

同じことを色々な言い方で練習してみるのがよさそうだね.

後で勉強する「条件法」でも婉曲に依頼・命令を伝えることができます. p. 192を参照してください.

182　cent quatre-vingt-deux

Situation 10 | Je vous souhaite un bon séjour !

EXERCICES 練習

忠告・助言の文章を（　）内の指示に従って書き換えましょう．

例) 飲みすぎてはいけませんよ．（vous に対する命令文に）
　　Il ne faudra pas trop boire.
→　Ne buvez pas trop.

あらやだ．私のこと？

1) 発言に注意したほうがいいでしょう．（Il vaudra mieux を用いて）
　　Vous devrez faire attention à ce que vous direz.

→

2) 私を待たないでね．（単純未来に）
　　Ne m'attends pas.

→

3) パスポートを持参しなければいけないでしょう．
　　　　　　　　　　　　　　　（Il sera nécessaire de を用いて）
　　Vous devrez apporter votre passeport.

→

4) 驚かないでください．（命令文に）
　　Vous ne devrez pas vous étonner.

→

5) 会議が早く始まります．もっと早く来てください．（単純未来に）
　　La réunion commence plus tôt. Venez plus tôt.

→ La réunion commence plus tôt.

6) 遠慮なく電話してください．（命令文に）
　　Il ne faudra pas hésiter à me téléphoner.

→

THÈME こまぎれ作文

> 勧誘・忠告，色々な言い方を考えてみましょう．

1) そのクレジットカードが使えるとは限らないよ．

2) 切符を改札に通す必要があるでしょう．

3) 遠慮なく私におたずねください．

4) 少しお休みになったほうがいいですよ．

5) いつもお忙しそうですね．

6) 日本文化に夢中になって，アリスは熱心に日本語を勉強している．

7) 彼らは食べながらもよく話す．

8) 日本人は身をかがめてお辞儀をする．

9) この美術館を訪れてください．ロダンの彫像が見られますよ．

10) 大学を卒業した年に，彼女は結婚した．

Des clefs pour écrire　ヒント

Vocabulaire utile (p. 173) も参考にしてください．

1) 〜とは限らない：ne... pas forcément（「必ずしも〜ない」）を使いましょう．動詞は未来形です．クレジットカード：carte (*f.*) de crédit

2) （切符を）改札に通す：composter　非人称主語 il で文を作りましょう．

3) 〜するのをためらう：hésiter à...　尋ねる：poser des questions

4) 非人称構文，あるいは動詞 conseiller を使って．未来形の婉曲な命令も可能でしょう．

5) 〜そう（のように見える）：sembler．忙しい：occupé(e)

6) 〜に夢中になって：passionné(e) par...を主語の同格として使いましょう．熱心に：avec ardeur

7) 同時性を表すジェロンディフ．「〜しながらも」のニュアンスは，même en ...ant 「よく話す」は「たくさん話す」と考えましょう．

8) 「身をかがめながら（かがめることで）挨拶する」と考えましょう．Vocabulaire utile (p. 173) を参照してください．

9) 関係副詞 où を使って1つの文で言いましょう．ロダンの彫刻：statues (*f. pl.*) de Rodin

10) 〜した年に：関係副詞 où を使って．結婚する：se marier．〜を卒業する：sortir de

命令文や単純未来を使って，さあ，どんな助言をしてあげればいいかな？

しっかり準備したほうがいいわよ．
私からの助言です．フフフ．

PRATIQUE　場面で作文
Situation 10

> 12月に初めて日本に来るジャックさんに助言のメールを書きます。

幾つか役に立つアドバイスをします．まず，上着やマフラーを持って来ることをお勧めします．

次に，ATMでフランスのクレジットカードが使えるとは限りません．前もって確認しておくとよいでしょう．困ったときにはコンビニエンス・ストアに行ってください．そこでは大抵のものは売っていますよ．

旅館や和食のお店に入るときには，しばしば入り口で靴を脱がなければなりません．お箸の使い方を知っていると便利でしょう．ちなみに，音をたてて蕎麦やうどんを食べる人がいても驚かないでくださいね．疲れたときは，お風呂に入ってリラックスしてください！

遠慮なく私に電話してください．携帯電話の番号は090-1234-5678です．それでは，よいご滞在を！

Des clefs pour écrire　ヒント

Vocabulaire utile (p. 173) も参考にしてください．

- 幾つか（の）：quelques
- 上着：veste (*f.*)
- ATM：distributeur (*m.*) automatique
- 困ったときには：en cas de problème
- コンビニエンス・ストア：supérette (*f.*)
- そこでは：関係副詞 où を使って1つの文にしましょう．
- 〜を売る：vendre
- 和食のお店 → 伝統的なレストラン：restaurant (*m.*) traditionnel
- 便利な：pratique
- 蕎麦やうどん：nouilles (*f. pl.*) *soba* et *udon*
- お風呂に入って：avec un bain
- 電話番号の前には定冠詞 le を付けます．
- それでは：voilà
- 役に立つ：utile
- マフラー：écharpe (*f.*)
- 大抵のもの：presque de tout
- ちなみに：au fait / à propos
- リラックスする：se relaxer

あなたなら，どんな助言をしてあげますか？

Situation 11

Pourriez-vous me renseigner ?

教えていただけますか？ ——メールで願望を伝える

Kana: 来年，フランスへ語学留学を計画しています．問い合わせのメールってどう書いたらいい？

これが言いたい！

貴校への留学を希望しております．

> **丁寧に願望を伝えたい！依頼の定型表現は？**
> I, II, III：条件法　p. 190, p. 192, p. 194

貴校がインターネットのサイトで話されているホームステイについても詳しく知りたいです．

> **「ホームステイ」の後ろにどんな関係代名詞を使う？**
> IV：関係代名詞（3）dont　p. 196

> メールを書く ⇒ *EXPRESSIONS*　p. 198

使える単語・熟語集 ——Vocabulaire utile——

● 留学・ワーキングホリデー　séjour (m.) d'études et vacances-travail

- ☐ フランスに（語学 / 学術）留学する
  faire un séjour (linguistique / académique) en France
- ☐ 語学学校　　　　　　　　école (f.) linguistique
- ☐ 授業　　　　　　　　　　cours (m.)
- ☐ 寮　　　　　　　　　　　résidence (f.)
- ☐ …の家でのホームステイ　séjour chez ...
- ☐ 手続き　　　　　　　　　démarche (f.)
- ☐ （学校への）登録　　　　inscription (f.)
- ☐ （書類や用紙に）記入する　remplir (un dossier / un formulaire)
- ☐ 滞在許可証　　　　　　　carte (f.) de séjour
- ☐ 滞在許可を更新する　　　renouveler son titre de séjour
- ☐ 住居証明　　　　　　　　justificatif (m.) de domicile
- ☐ 身分証明　　　　　　　　pièce (f.) d'identité

● メールの件名によく使われる表現
expressions courantes dans les intitulés des e-mails

- ☐ 問い合わせ　　　　　　　demande (f.) de renseignements
- ☐ 緊急　　　　　　　　　　urgent (m.)
- ☐ 近況　　　　　　　　　　nouvelles (f. pl.)
- ☐ 予約　　　　　　　　　　réservation (f.)
- ☐ 予約の確認　　　　　　　confirmation (f.) de réservation
- ☐ 招待のお礼　　　　　　　remerciements (m. pl.) pour votre invitation
- ☐ 訂正　　　　　　　　　　rectification (f.)

◎ メールの本文については，p. 198 を参考にしてください．

GRAMMAIRE

条件法（1）　活用と反実仮想

Le conditionnel (1) :
la conjugaison et l'expression de l'hypothèse

> 直説法は，現実の状況や事実を表すのに対し，条件法は，仮定の上での（現実とは異なる）想定を表します．

条件法現在の語幹は単純未来（p. 174を参照）と同じ形です．
活用語尾はすべての動詞に共通で，-r の後に半過去と同じ語尾が付きます．

□ aimer 「愛する」の条件法現在

j'	aime**rais**	nous	aime**rions**
tu	aime**rais**	vous	aime**riez**
il / elle	aime**rait**	ils / elles	aime**raient**

● 条件法過去：　助動詞 avoir, être の条件法 ＋ 過去分詞の複合形

aimer → j'**aurais aimé**　　　　aller → je **serais allé(e)**

> 過去はやっぱり複合形なんだな．

● 反実仮想

現実と異なる状況（条件）を仮定して，その状況ならば～，と想定することです．現在の仮定「もし～なら」は si ＋ 半過去（過去の仮定は si ＋ 大過去），想定する内容「～だろう」は条件法現在（過去は条件法過去）で表します．

Si j'<u>étais</u> riche, je **pourrais** faire le tour du monde.
もし私がお金持ちなら，世界 1 周旅行ができるのになあ．

S'il <u>avait vécu</u> plus longtemps, il **aurait achevé** cette œuvre.
もしもっと長生きしていたなら，彼はこの作品を完成させただろう．

Cf.　**si** ＋ 半過去：「～しませんか？」

si ＋ 半過去は単独で用いることで，勧誘の表現にもなります．「私は嬉しいのだけど」je serais content(e) 等が省略された表現と言えます．

EXERCICES I.

日本語に合うように，[　]内の動詞を活用させましょう．

例) 君の立場だったら，僕はアリスに電話するだろうな．[être, téléphoner]
　　Si j'(　étais　) à ta place, je (　téléphonerais　) à Alice.

1) フランスに行く機会があれば，モンプリエを観光するんだけど．
[avoir, visiter]
　　Si j'(　　　　　) l'occasion d'aller en France, je (　　　　　) Montpellier.

2) もし選べるのなら，私たちはホームステイより寮で暮らしたいです．
[avoir, préférer]
　　Si nous (　　　　　) le choix, nous (　　　　　) habiter en résidence que de séjourner chez des particuliers.

3) お金持ちだったら，両親に家を買ってあげるのに．[être, acheter]
　　Si j' (　　　　　) riche, j' (　　　　　) une maison à mes parents.

4) もっと勉強していたら，彼は試験に受かっただろうに．
[travailler, réussir]
　　S'il (　　　　　) plus, il (　　　　　) à son examen.

5) 明日，一緒に映画に行きませんか？ [aller]
　　Si on (　　　　　) ensemble au cinéma demain ?

場所や日程を適当に置き換えて応用作文もしてみよう．

GRAMMAIRE II   条件法（2）　婉曲な表現

Situation 11

Le conditionnel (2) : l'expression euphémique

> 条件法は丁寧語としても使います．

　仮定の上での想定を語るのが条件法の本来の用法ですが，仮定節なしで，婉曲（遠回し）に自分の意図を伝えるためにも用います．条件法の用法としては最もよく使用するものです．「もしあなたが許可してくれるなら」等の内容が隠れていると考えるとよいでしょう．初対面や目上の人に対するときに適切です．

● **je voudrais** / **j'aimerais** + 不定詞：「〜したいのですが」

　婉曲のニュアンスを表すので，je voudrais は je veux より好んで使われます．j'aimerais は j'aime とは意味が異なります．また，しばしば副詞 bien を伴います．souhaiter は aimer や vouloir よりさらに控え目な表現であり，改まった依頼に使用します．

　Je **voudrais** essayer ces chaussures.
　　この靴を試してみたいのですが．

　J'**aimerais** bien aller dîner avec vous à l'occasion.
　　機会があれば，ご一緒に夕食に行けるといいのですが．

　Je **souhaiterais** étudier dans votre université.
　　貴学への留学を希望しております．

● **婉曲な依頼や命令**

　疑問文の形で人にたずねたり，頼みごとをしたりするときも，条件法を使うほうが直説法よりも丁寧です．

　Tu **pourrais** ouvrir la porte, s'il te plaît ?
　　ドアを開けてもらえるかな？（婉曲な依頼）

　Voudriez-vous terminer ce travail avant demain matin ?
　　明日の朝までにこの仕事を終えてくださいね．（婉曲な命令）

　＊ pouvoir は相手に断る権利を与えますが，vouloir は相手が肯定するのを前提としています．

EXERCICES II.

日本語に合うように，[　　]内の動詞を活用させましょう．

例) 明日お返事をください．[vouloir]
　　(　　Voudriez　　)-vous me donner votre réponse demain ?

1) 車を貸してもらえないかな？ [pouvoir]
　Tu (　　　　　　　) me prêter ta voiture ?

2) 私たちはこの夏，(できれば) アルルに行きたいです．[aimer]
　Nous (　　　　　　　) visiter Arles cet été.

3) 滞在許可を更新したいのですが，どのような書類が必要かを教えていただけますか？　　　　　　　　　　　　　　　[souhaiter, pouvoir]
　Je (　　　　　　　) renouveler mon titre de séjour.
　(　　　　　　　)-vous me dire quels sont les documents nécessaires, s'il vous plaît ?

4) 君にもっと会えたらいいんだけど．[aimer]
　J'(　　　　　　　) te voir plus souvent.

5) しばらく転勤したくないのですが．[vouloir]
　Je ne (　　　　　　　) pas changer de poste pendant quelque temps.

6) 私たちはムーラン氏にお会いしたいのですが．[vouloir]
　Nous (　　　　　　　) voir Monsieur Moulin.

丁寧な言葉づかいは円滑なコミュニケーションの基本だね．

相手への配慮が感じられ，頼まれた方も悪い気はしない表現です．
Soyons sympathiques !

条件法 (2) 婉曲な表現

GRAMMAIRE III 条件法（3） その他の用法
Le conditionnel (3) : autres emplois

不確定な事柄を推測する場合にも，条件法を単独で用います．

> 直説法と条件法の違いを確認しましょう．

Il y a dix blessés dans cet accident.
この事故で10人の怪我人が出た．（事実の叙述）

Il y **aurait** dix blessés dans cet accident.
この事故で10人の怪我人が出た模様．（推測）

「～かもしれない」「～にちがいない」という推測を表すのに pouvoir や devoir の条件法がよく用いられます．

Elle **pourrait** se présenter aux élections.
彼女は選挙に立候補するかもしれない．（可能性）

Marc et Yōko **devraient** arriver bientôt.
マルクと洋子はもうすぐ着くはずだよ．（確実性が高い推測）

> 願望や反語や遺憾の意味を表すこともできます．

Qui **aurait pu** prévoir le résultat des élections ?
こんな選挙結果を予測することが誰にできただろう？（反語）

Tu **aurais dû** me parler avant de décider tout seul.
1人で決める前に僕に話してくれるべきだったのに．（遺憾）

> 助言や忠告に条件法を使うと，1つの可能性として示すことになるので，丁寧なんだな．

Il **vaudrait** mieux voir un médecin.
医者に診てもらったほうがいいかもしれないよ．

Il **faudrait** d'abord obtenir l'autorisation de vos parents.
まずはご両親の許可を得ることが必要でしょう．

Tu **devrais** réfléchir à tête reposée.
頭を冷やして考えたほうがいいよ．

EXERCICES III.

単語を並べ替え，動詞は必要なら条件法に活用させましょう．

例) まずなにより，この問題を解決するべきでしょう．
[falloir / avant tout / ce problème / il / résoudre].
　　Avant tout, il faudrait résoudre ce problème.

☐ 1) 直正は仕事のせいで遅刻するかもしれません．
[en retard / pouvoir / Naomasa / son travail / arriver / à cause de].

☐ 2) お母さんの意見を聞いたほうがいいだろうね．
[préférable / ce / l'avis / de / être / de ta mère / demander].

☐ 3) 明日は雨かもしれない．
[pleuvoir / il / demain / pouvoir].

☐ 4) そんなにお酒を飲まないほうがいいよ．
[autant d'alcool / ne / devoir / tu / pas / boire].

☐ 5) 彼らはもう少し注意するべきだったろうに．
[un peu / faire / ils / plus / attention / devoir].

☐ 6) 出る前にこの部屋を片付けたほうがいいでしょう．
[avant / mieux / il / salle / sortir / ranger / valoir / de / cette].

☐ 7) リュシーは彼女の理想の王子様に出会ったらしい．
[son / Lucie / rencontrer / prince charmant].

条件法 (3) その他の用法

GRAMMAIRE IV. 関係代名詞（3）dont
Le pronom relatif : dont

> 関係代名詞は qui, que だけではないんです．

Naomasa veut voir ce film.　　　　直正はこの映画を見たがっている．

この文の直接目的語 ce film に説明を加えます（p. 158を参照）．付加する情報が次の文の場合はどうすればよいでしょう？

On parle beaucoup de ce film .
この映画についてよく話題になっている．

ce film は「～について話す」parler de... の間接目的語です．この場合のように，前置詞 **de** ＋ 名詞（人・もの） を受けるには，関係代名詞 **dont** を使います．

→ Naomasa veut voir ce film **dont** on parle beaucoup.
直正は，よく話題になっているこの映画を観たがっている．

次の例文をよく見て，dont の使い方に慣れてください．

Voilà le livre.　　　　　　　　　　ほら，本だよ．
Tu as besoin de ce livre.　　　　君はこの本が必要なんだね．
→ Voilà le livre **dont** tu as besoin.　ほら，君の必要としている本だよ．

J'ai une amie japonaise.　　　　私には日本人の友人がいます．
La mère de cette amie est diplomate. その友人の母は外交官です．
→ J'ai une amie japonaise **dont** la mère est diplomate.
日本人の友人に，母親が外交官の人がいます．

> dont を使えるようになるには，de とよく一緒になる名詞や動詞をきちんと覚えている必要があるね．

EXERCICES IV.

関係代名詞 dont を使って，2つの文を1つにしましょう．

例) 私の知っているあるフランス人は，弟が日本に住んでいます．
Je connais un Français.
Le frère de ce Français habite au Japon.
→ Je connais un Français dont le frère habite au Japon.

1) 昨日君が話してくれたマンガを持って来てね．
Apporte le manga.
Tu as parlé de ce manga hier.

→

2) タイトルに「日本文化」の入っている本を何冊か探しています．
Je cherche quelques livres.
Le titre de ces livres contient les mots « la culture japonaise ».

→

3) この女優のデビューは1980年代のことだが，2000年代にようやく大きな成功を収めた．
Cette actrice a enfin eu du succès dans les années 2000.
Les débuts de cette actrice remontent aux années 1980.

→

Le talent n'est qu'une longue patience.
才能とは長い忍耐に他ならないんだな．

EXPRESSIONS & ASTUCES 役に立つ表現

手紙・メールの定型表現 ③（目上の相手に宛てた場合）

● **書き出し**

Monsieur, / Madame, / Madame, Monsieur,

● **自己紹介**

Permettez-moi (d'abord) de me présenter. Je m'appelle Pierre Duroy.
まず自己紹介をさせていただきます．私の名前はピエール・デュロワです．

● **誰の紹介かを伝える**

Je vous écris sur la recommandation de Mlle Caroline Thibault, une de vos étudiantes.
先生の学生の1人，キャロリーヌ・ティボーさんの紹介でお手紙（メール）を書いています．

● **希望を伝える**

Je souhaiterais effectuer un séjour au Québec l'année prochaine.
私は来年ケベックへの留学を希望しています．

Je voudrais étudier la littérature québecoise dans votre université.
私は貴大学でケベック文学を勉強したいと思っております．

Je m'intéresse à votre programme « Littérature francophone », dont Mlle Thibault m'a parlé.
ティボーさんが話してくれた貴大学の「フランス語圏の文学」のプログラムに関心があります．

● 相手に依頼する

Je serais très heureux si vous pouviez me renseigner au sujet des contenus de ce programme.
そのプログラムの内容について教えていただければ幸いです．

Pourriez-vous aussi m'informer sur les conditions d'inscription à ce programme ?
プログラムへの登録条件についてもお教えいただけませんか？

● 結び

Dans l'attente de votre réponse, je vous prie d'agréer, Monsieur, l'expression de mes salutations respectueuses.
お返事をお待ちしています．敬具

* 手紙・メールの書き方については p. 60, p. 76 も参考にしてください．

ネットで調べるのもいいけれど，やっぱり直接聞いてみるのが一番ね．

Ouaf !

THÈME　こまぎれ作文

Situation 11

丁寧にたずねて，物事をうまく進めたいですね．

1) このドレスを試着したいのですが．

2) もし私の立場だったら，どのようにお考えになりますか？

3) そろそろ将来のことを考える時期じゃないかな．

4) いつかフランスに住めたらいいのだけれど．

5) この機械をどう使ったらいいか説明していただけますか？

6) まず手続きについて問い合わせるべきだろうね．

7) キャロリーヌを紹介してもらえる？

8) 彼は同じ過ちを繰り返すことを避けられただろうに．

9) 使い方のとても簡単なこの携帯電話を見てください．

10) 加奈には，夫がフランス人である日本人の友人がいる．

条件法を使えれば，表現の幅が一層広がりますね．

Des clefs pour écrire　ヒント

Vocabulaire utile (p. 189) も参考にしてください．

1) 〜したいのですが：vouloir の条件法現在を使いましょう．

2) 「もし〜だったら」の部分は半過去，主節は条件法です．〜の立場に立つ：être à sa place．「どのように考える」は「何を考える」と読み替えましょう．

3) 〜する時期である：il est temps de... を条件法にします．遠回しの助言です．

4) （できれば）〜したい：aimer の条件法を使って，強調の bien をつけるのが自然です．いつか：un jour

5) 丁寧な依頼には，pouvoir の条件法を使いましょう．機械：machine (f.)．〜を使う：utiliser．〜を説明する：expliquer

6) 手続きについて問い合わせる：se renseigner sur les démarches．婉曲に助言しましょう．

7) 親しい相手に対する婉曲な依頼の文です．〜を紹介する：présenter

8) 「〜できただろうに」は　pouvoir　の条件法過去で表しましょう．〜するのを避ける：éviter de... 同じ過ちを繰り返す：répéter la même faute

9) 「使い方」utilisation (f.) の「とても簡単な」の部分を，関係代名詞 dont を使って表現してみましょう．

10) 「加奈は1人の日本人の友だちを持っており，その（友だちの）夫はフランス人だ」．関係代名詞 dont を使って1つの文で言えますか？

> 大人どうしのコミュニケーションにはぜひとも必要だね．

deux cent un 201

PRATIQUE Situation 11　場面で作文

条件法を使って依頼のメールを書きます！

拝啓

　はじめに自己紹介させていただきます．私の名前は美山加奈，25歳，日本の東京で会社員をしています．

　私は大学で2年間フランス語を学び，語学学校でその勉強を続けています．フランス語の力をもっと伸ばすため，来年，貴校で授業を受けたいと思っております．手続きについて教えていただけますでしょうか？

　くわえて，貴校がインターネットのサイトで話されているホームステイについても知りたいのです．実際のところ，他の学生と一緒に学生寮に住むよりも，ホームステイのほうを望んでいるのです．そして，授業のほかでフランス人とともにスポーツや文化活動にも参加したいと思っています．

　お返事をお待ちします．敬具

　　　　　　　　　　　　　　　　　　　　　　　　　　　　　　　　　美山加奈

Des clefs pour écrire　ヒント

Vocabulaire utile (p. 189) や Expressions (p. 198) も参考にしてください.

- 「〜するのを続けている」：continuer à ...
- フランス語の力を伸ばす：améliorer son français
- 〜を教える：renseigner sur ...
- くわえて：「〜も」として aussi を使いましょう.
- 知りたい：「〜について情報を得たい」として vouloir avoir des informations sur...
- ホームステイ：séjour (*m.*) chez des particuliers.　動詞は séjourner です.
- 「〜するよりも〜したい」：préférer ... que (de) ...
- 話されている：関係代名詞 dont を使いましょう.
- 実際のところ：en effet
- 学生寮に住む：habiter en résidence
- 授業のほかで：en dehors des cours
- 〜に参加する：participer à ...

Voilà la réponse !

条件法を使って依頼の文を書いてみましょう.

deux cent trois　203

Pratique

Intervalle 3　接続法
Le subjonctif

> 「接続法」という言葉を聞いたことがありますか？

> 教科書の後ろの方に載っていたような気がするわね．

> 活用は覚えたけど，使い方がよく分かっていない……．

　確かに，フランス語の授業で接続法を扱う機会は多くありませんが，日常生活でも実際に使われます．とはいえ，接続法が必要になる場面は限られているので，まずは用例を覚えてそのまま使ってみましょう．接続法は，

主語＋動詞（直説法）＋que＋主語＋動詞（接続法）

のように，従属節の中でよく使います．なぜでしょうか？
　それは接続法が，「事実」ではなく，話者の頭のなかにある「考え」を表すからです．ここで，フランス語の主な「法」を確認しましょう．

- 直説法：「事実」，「現実の出来事」を表現する．
- 条件法：「事実」とは異なる「仮定」を表現する．
- 接続法：「事実」に関わりなく，話者の「考え」を表現する．

　接続法には，現在・過去・半過去・大過去がありますが，現在では，主節が過去時制でも従属節中では接続法現在・過去を使うのが一般的です．本書でもこの２つの時制を学習します．

● 接続法の活用

接続法現在の語幹は原則として，直説法現在3人称複数形から語尾 -ent を除いたものです．語尾は être, avoir を除いてすべての動詞に共通です．

☐ **chanter** 第1群規則動詞 110

je	chant**e**	nous	chant**ions**
tu	chant**es**	vous	chant**iez**
il / elle	chant**e**	ils / elles	chant**ent**

> nous, vous の時だけ直説法現在と違うんだね．意外と簡単かも．

☐ **choisir** 第2群規則動詞 111

je	choisiss**e**	nous	choisiss**ions**
tu	choisiss**es**	vous	choisiss**iez**
il / elle	choisiss**e**	ils / elles	choisiss**ent**

> nous, vous の時の活用語尾は直説法半過去，その他は -er 動詞の直説法現在と同じですね．

être, avoirは特別な形なのでしっかり覚えましょう．

☐ **être** 112

je	**sois**	nous	**soyons**
tu	**sois**	vous	**soyez**
il / elle	**soit**	ils / elles	**soient**

☐ **avoir** 113

j'	**aie**	nous	**ayons**
tu	**aies**	vous	**ayez**
il / elle	**ait**	ils / elles	**aient**

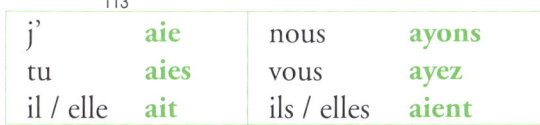

> tu, nous, vous は命令形と同じなのさ．ふふ．

● **語幹が特殊な動詞**

1) 語幹が1通りのもの

　　savoir : je **sach**e　　　　pouvoir : je **puiss**e　　　　faire : je **fass**e

2) 語幹が2通りのもの（nous, vousの時のみ異なる）

　　aller : j'**aill**e / nous **all**ions
　　venir : je **vienn**e / nous **ven**ions
　　vouloir : je **veuill**e / nous **voul**ions
　　prendre : je **prenn**e / nous **pren**ions

　　（1, 2人称複数の語幹は直説法現在と同じになります．）

● **接続法過去**

直説法複合過去に対応するもので，

　助動詞 **avoir / être** の接続法現在＋過去分詞　の形になります．

□ **parler**

j'	aie	parlé	nous	ayons	parlé
tu	aies	parlé	vous	ayez	parlé
il / elle	ait	parlé	ils / elles	aient	parlé

□ **aller**

je	sois	allé(e)	nous	soyons	allé(e)s
tu	sois	allé(e)	vous	soyez	allé(e)(s)
il	soit	allé	ils	soient	allés
elle	soit	allée	elles	soient	allées

□ **se lever**

je	me	sois	levé(e)	nous	nous	soyons	levé(e)s
tu	te	sois	levé(e)	vous	vous	soyez	levé(e)(s)
il	se	soit	levé	ils	se	soient	levés
elle	se	soit	levée	elles	se	soient	levées

ここまで来ると，活用も予想できるね．

● 接続法の用法

1) 名詞節

a. 主節が意志・願望・命令・疑惑・否定・感情などを表す動詞
（aimer, désirer, souhaiter, vouloir, douter, avoir peur, être content / heureuxなど）の後の従属節内

Je doute que Lucie **vienne** à l'heure.
リュシーが時間通りに来るか疑わしい．

Nous voulons que tu **travailles** plus.
私たちは君にもっと勉強してほしいのです．

こんど直人に言ってやろう！

b. 判断を表す非人称構文（il faut, il suffit, il est possible / nécessaire / douteuxなど）の後の従属節内

Il faut que je **parte** tout de suite.
私はすぐに出発しなくちゃいけないんです．

Il est nécessaire que tu **réfléchisses** bien à ton avenir.
将来についてよく考えることが必要だよ．

c. 判断を表す主節の動詞（penser, croire, compredre, dire, être sûrなど）が否定形・疑問形のとき

Pensez-vous qu'il **doive** vous faire ses excuses ?
彼があなたに詫びるべきだとお考えですか？

Je ne crois pas qu'Alice ait un copain.
アリスに彼氏がいるとは思わないけど．

僕にもチャンスが！

je ne crois pas que…や je ne pense pas que…という構文は日常生活でもよく使いますね．

2) 形容詞節

a. 先行詞の存在が不確実な場合.

　　Je cherche une personne qui **puisse** corriger mon japonais.
　　私の日本語を直してくれるような人を探しています.

> 「探す」は実際の行為だから直説法,
> 「直してくれるような」は「私」の考えなので接続法よ.

b. 先行詞に最上級や唯一のものを表す表現（premier, dernier, seul, uniqueなど）がついている場合.

　　C'est le meilleur vin que j'**aie** jamais **dégusté**.
　　これは今まで飲んだ中で一番おいしいワインです.

> この最上級も私の「考え」だものね.
> 今度ワインを飲むときに使ってみよう！

3) 副詞節

　時・目的・条件・譲歩などを表す接続詞句（avant que, pour que, de peur que, quoique, à moins que, bien queなど）の中.

　　Bien qu'il **ait** beaucoup **travaillé**, il n'a pas réussi à son examen.
　　彼はよく勉強したのだが, 試験に合格しなかった.

　　Je veux voir mon copain avant qu'il ne* **parte**.
　　彼が出発しないうちに会いたい.

　　＊この ne は「虚辞」. 文法上は不要ですが, 心理的な否定の意味を表します.

4) 独立節

　第三者に対して願望・命令を表現する.
　　Vive la France !　　　フランス万歳！
　　Qu'il s'en **aille** !　　　彼を出て行かせろ！

EXERCICES

[ ] 内の動詞を接続法（現在または過去）にしましょう．

例）すべてうまくいくことを願っています．　　　　　　　　　[aller]
　　Je souhaite que tout (aille) bien.

1) メラニーはリュシーが事故にあわないかと心配している　　　[avoir]
　　Mélanie a peur que Lucie (　　　　) un accident.

2) 彼らが離婚したというのが理解できない．　　　　　　　　　[divorcer]
　　Je ne comprends pas qu'ils (　　　　　　).

3) 君は1週間以内にこの仕事を終えないといけないの？　　　　[finir]
　　Faut-il que tu (　　　　) ce travail dans huit jours ?

4) どなたか助けていただけませんか？　　　　　　　　　　　　[pouvoir]
　　Y a-t-il quelqu'un qui (　　　　) m'aider ?

5) 彼が来ない限り，集会は開かれないだろう．　　　　　　　　[venir]
　　À moins qu'il (　　　　), la réunion n'aura pas lieu.

6) フランス語は，私が多少使える唯一の外国語です．　　　　　[savoir]
　　Le français, c'est la seule langue étrangère que je (　　　　) parler plus ou moins.

7) 彼がそこにいることを彼女は喜んでいた．　　　　　　　　　[être]
　　Elle était contente qu'il (　　　　) là.

8) 彼女が僕に電話もせずに発ってしまったなんて信じられない．[partir]
　　Je n'arrive pas à croire qu'elle (　　　　　　) sans me téléphoner.

9) 今晩雨が降るかもしれません．　　　　　　　　　　　　　　[pleuvoir]
　　Il est possible qu'il (　　　　) ce soir.

Ouaf !

Situation 12

Un an plus tard...

1年後 ── 総復習

Kana: 念願叶ってワーキング・ホリデーでフランスに来ました！ 語学学校でスピーチをします！

みなさんこんにちは．私の名前は美山加奈です．日本人です．26歳です．最初，大学でフランス語を2年間勉強しました．その後，会社員になりましたが，ラジオとポッドキャストを聴きながらフランス語の勉強を続けました．去年，仕事を辞めてワーキング・ホリデーでフランスに来ることに決めました．ですから今，ここエクス＝アン＝プロヴァンスにいられてとても幸せです．

Bon courage !

私は東京の南西に位置する神奈川県の出身です．県の人口は約900万人です．家族は鎌倉市に住んでいます．この町は素晴らしい寺院で有名です．日本をお訪ねの際にはおすすめします．東京から鎌倉市までは電車で約1時間です．

加奈，こんなに話せるようになったのね！私も負けられないわ．

Des clefs pour écrire　ヒント

- 自己紹介 → Situation 1
- 過去を語る → Situations 3, 4
- 聴きながら：ジェロンディフを使って → Situation 10
- 仕事を辞める：quitter son emploi
- ワーキング・ホリデーで：avec un visa vacances-travail
- エクス＝アン＝プロヴァンス：Aix-en-Provence
- 町の紹介 → Situation 2
- 勧める → Situation 10
- 観光・交通案内 → Situation 8
- 素晴らしい：superbe

がんばれ，がんばれ．

PRATIQUE 場面で作文
Situation 12

　私がエクス＝アン＝プロヴァンスを選んだのは，ずっと南仏に憧れていたからです．セザンヌが大好きなので，彼が絵に描いたプロヴァンスの風景を自分の目で見てみたいと思いました．

　エクスに来て感銘を受けたのは，石造りの建物の美しさです．噴水がたくさんあるこの町を散歩するのはとても気持ちいいです．プロヴァンスの市場も大好きです．もちろん，日本にも市場はあります．でもフランスの市場の人たちは日本の市場の人たちよりもお喋りです．だから，はじめは彼らに話しかけるのが少し難しかったです．ですが今では，生きたフランス語を勉強するには理想的な場所だと思っています．

加奈も頼もしくなったなあ．

Situation 12 | Un an plus tard...

Des clefs pour écrire　ヒント

- 理由を述べる → Situations 5, 9
- 〜にあこがれる：être attiré(e) par ...
- セザンヌ：Cézanne
- プロヴァンスの：provençal (*pl.* -aux)
- 自分の目で：de ses propres yeux
- 彼が絵に描いた：関係代名詞を使いましょう → Situation 9
- 受動態 → Situation 6
- 感銘を受ける：être impressionné(e)
- 石造りの建物：bâtiment (*m.*) en pierre
- 噴水：fontaine (*f.*)
- 〜があるこの町：関係副詞 où を使って → Situation 10
- 比較級 → Situation 6
- 市場の人，商人：commerçant
- お喋りな：bavard(e)
- 〜するのが少し難しい：avoir un peu de difficulté pour ＋ 不定詞
- 〜に話しかける：adresser la parole à...
- 生きたフランス語：un français vivant

文と文の繋ぎの言葉も忘れないで！
Intervalle 1 も参考にしてください．

姉さん，あともう少し！

Bravo !

Tu es la meilleure !

deux cent treize　213

Pratique

PRATIQUE　場面で作文
Situation 12

　滞在中，できる限りたくさんの歴史的名所を見たいと思っています．何よりもまず，セザンヌのアトリエを訪ねたいです．それから，アルル，アヴィニョン，そしてマルセイユといった，プロヴァンスの他の町も発見したいです．プロヴァンスについての情報をくださるよう願っています．この地方の人々と話ができれば素晴らしいことでしょう．でも心配はしていません，なぜならプロヴァンスの人たちはとても温かいですから！　ご清聴ありがとうございました．

> Bravo, merveilleux, félicitations, chapeau ! On est fier de toi !!!

> おつかれさまでした．この本で学んだことをどんどん使って，素敵なフランス語生活を送ってください！

Des clefs pour écrire　ヒント

- 願望を語る → Situation 11
- 滞在：séjour (*m.*)
- 歴史的名所：site (*m.*) historique
- できる限りたくさんの〜：autant de... que possible
- 何よりもまず：avant tout
- 〜といった：comme
- 〜ように願う：souhaiter que... 接続法を使って → Intervalle 3
- 温かい：chaleureu*x*(-se)
- ご清聴：votre attention

索引 ——Index——

ア
相手に依頼する　199
位置を表す表現　36
一般化する　114
受け身表現　112
エリジオン　18, 27
婉曲な依頼や命令　182, 192
大きな数　45
お金　137
想いを伝える　77

カ
書き出し（手紙・メールの）　60, 76, 198
過去分詞　52, 112, 178
過去を表す　67
数（大きな）　45
家族　15, 18
学校　15
関係代名詞　158, 160, 196
　　——と指示代名詞　158
関係副詞　180
冠詞の使い分け　138
間接目的語人称代名詞　122, 124, 146
勧誘の表現　190
聞いた話を伝える　115
季節　33
希望を伝える　198
疑問形容詞　92
疑問代名詞　92, 94
疑問副詞　96
疑問文　88
強勢形　124
強調構文　164
　　——と最上級　164
魚介類　121

近況をたずねる　77
近況を伝える　76
近接過去　22, 50
近接未来　22
芸術　87
形容詞　16
　　——の最上級　108
　　——の性数一致　16
　　——の比較級　106
計量の単位　121
現在分詞　176
交通手段　137
国籍　15, 16
個人の知る範囲で考えを述べる　115

サ
再帰代名詞　38
再帰動詞 → 代名動詞
最上級　108, 164
使役動詞　126
ジェロンディフ　176
時間　137
時間の経過に言及する　76
時刻　42
指示形容詞　90
指示代名詞　90, 158
重文　83
主語と動詞　147
主語の選び方　152
受動態（現在形）　112
　　——の複合過去　112
趣味　105
条件法　190, 192, 194
　　——過去　190
情報関係の用語　157

職業　15, 16
職場　15
女性形　16
所有形容詞　24
推薦　173
推測　194
数量の比較　110
スポーツ系の活動　105
性数一致の原則　16, 18
接続詞　82
接続法　204, 206, 208
　　——過去　206
前置詞（句）　144
前置詞と定冠詞の縮約　36

タ

第 1 群規則動詞　20
大過去　74, 190
第 2 群規則動詞　40
対比を強調する　115
代名動詞　38, 112
　　——の半過去　70
　　——の複合過去　56
　　——の命令形　40
建物　33
多様性を示す　114
誰の紹介かを伝える　198
単純未来　174, 182
地名　45
忠告　173, 182
忠告や助言をするときの表現　182
中性代名詞　128, 142, 146
調味料　121
調理　121
調理器具　121
直接目的語人称代名詞　122, 124, 146
地理　33

定冠詞　34, 36, 138
　　——と前置詞の縮約　36
手紙・メールの定型表現　60, 76, 198
天候　33, 42
倒置疑問　88

ナ

名前の言い方　20
習いごと　105
肉　121
人称代名詞（強勢形）　124
　　——（主語）　16
　　——（目的語）　122, 124, 126, 146
年齢　18

ハ

半過去　68, 70, 72, 190
　　——の否定形　70
反実仮想　190
比較級　106
比較表現　110
否定疑問　88
否定の de　26
否定の命令文　40
否定文　26
人のつながりを示す　76
非人称構文　42, 140, 147
複合過去（直説法）　52, 54, 56, 72
　　——と半過去の使い分け　72
　　——の倒置疑問　88
　　——の否定形　58
副詞　106
　　——の最上級　108
　　——の比較級　106
複数形　16, 18
複文　84
不定冠詞　24, 34, 138

不定詞　16
部分冠詞　138
部分否定　26
文化　87
文科系の活動　105
補語人称代名詞 → 目的語人称代名詞
ほめるときに使う形容詞　87

マ

結び（手紙・メールの）　60, 77, 199
無生物主語構文　154, 166
名詞の性と数　18
名詞と形容詞の性数一致　18
命令文　40, 124, 147, 182
　——における目的語人称代名詞の語順
　　　　　　　　　　　　　　124
メールの件名によく使われる表現　189
目的語人称代名詞　122, 124, 126, 146
　——を２つ使うとき　122

ヤ

野菜　121
郵便　49
曜日　137

ラ

留学　189
理由を表す接続詞・表現　162
旅行の日程　49

ワ

ワーキングホリデー　189

A

à（前置詞）　36, 144
à cause de ＋名詞　162
à ma connaissance　115
à mon avis　115
à partir de（前置詞句）　144
aider à ＋不定詞　166
aie（avoir の命令形）　40
aller（直説法現在）　22
aller ＋不定詞（近接未来）　22
alors　82
alors que　83
après（前置詞）　144
au (à + le)　36
aussi　106
autant　110
aux (à + les)　36
avant（前置詞）　144
avec（前置詞）　144
avoir（直説法現在）　18
ayez（avoir の命令形）　40
ayons（avoir の命令形）　40

C

ça（指示代名詞）　153
ça fait …（時間の経過）　76
car（接続詞）　162
ce (cet)（指示形容詞）　90
cela（指示代名詞）　153
celle（指示代名詞）　90
celles（指示代名詞）　90
celui（指示代名詞）　90
certains …, d'autres …　114
ces（指示形容詞）　90
c'est (ce sont) … que …（強調構文）
　　　　　　　　　　　　　　164
c'est (ce sont) … qui …（強調構文）
　　　　　　　　　　　　　　164
cette（指示形容詞）　90
ceux（指示代名詞）　90
chez（前置詞）　144

218　deux cent dix-huit

combien（疑問副詞）　96
comment（疑問副詞）　96
croire que　84

D

dans（前置詞）　144
d'après　115
de（前置詞）　36, 144
de (d')（否定の冠詞）　26
de façon générale　114
de la (de l')（部分冠詞）　138
de moins en moins ...　110
de moins en moins de ...　110
de plus en plus ...　110
de plus en plus de ...　110
demander　166
demie (heure)　42
depuis（前置詞）　144
derrière（前置詞）　144
des（不定冠詞）　24, 34, 138
des (de + les)　36
devant（前置詞）　144
devenir ami(e) avec ...　76
dire que　84
donc（接続詞）　82
dont（関係代名詞）　196
du (de l')（部分冠詞）　138
du (de + le)　36

E

elle（強勢形）　124
elle（主語）　16
elles（強勢形）　124
elles（主語）　16
en（前置詞）　144
en（中性代名詞）　142, 146
en général　114

épouser　77
espérer que　84
est-ce que（疑問文）　88
et（接続詞）　82
être（直説法現在）　16
être ami(e) avec ...　76
être en contact avec ...　76
eux（強勢形）　124

F

faute de ＋無冠詞名詞　162

G

généralement　114
globalement　114
grâce à ＋名詞　162

I

il（主語）　16
il est（時刻）　42
il est 形容詞 de ＋不定詞　140
il fait（天候）　42
il faut　140, 147
il manque ＋名詞　140
il paraît que ...　115
il reste ＋名詞　140
il vaut mieux ＋不定詞　140
il y a　42
ils（主語）　16

J

j'aimerais ...　192
je（主語）　16
je souhaiterais ...　192
je voudrais ...　192
jusqu'à（前置詞句）　144

deux cent dix-neuf　219

L

la (l')（直接目的語人称代名詞）
　　　　　　　　　　122, 124, 146
la (l')（定冠詞）　34, 36, 138
laquelle（疑問代名詞）　92
le（中性代名詞）　142
le (l')（直接目的語人称代名詞）
　　　　　　　　　　122, 124, 146
le (l')（定冠詞）　34, 36, 138
le moins de …　110
le plus de …　110
lequel（疑問代名詞）　92
les（直接目的語人称代名詞）
　　　　　　　　　　122, 124, 146
les（定冠詞）　34, 36, 138
lesquels（疑問代名詞）　92
lesquelles（疑問代名詞）　92
leur（間接目的語人称代名詞）
　　　　　　　　　　122, 124, 146
leur（所有形容詞）　24
leurs（所有形容詞）　24
lorsque（接続詞）　83
lui（間接目的語人称代名詞）
　　　　　　　　　　122, 124, 146
lui（強勢形）　124

M

ma (mon)（所有形容詞）　24
mais（接続詞）　82
me (m')（目的語人称代名詞）　122, 124
meilleur　106
mes（所有形容詞）　24
mieux　106
moi（強勢形）　124
moins　42, 106
mon（所有形容詞）　24

N

ne … jamais　26, 58
ne … pas　26
ne … pas encore　26, 58
ne … personne　26
ne … plus　26
ne … que　26
ne … rien　26
nécessiter　166
nos（所有形容詞）　24
notre（所有形容詞）　24
nous（強勢形）　124
nous（主語）　16
nous（目的語人称代名詞）　122, 124

O

on　112, 152
ou（接続詞）　82
où（関係副詞）　180
où（疑問副詞）　96

P

parce que（接続詞句）　96, 162
parler de …　166
pendant（前置詞）　144
pendant que　83
penser que　84
permettre de ＋不定詞　166
pire　106
plus　106
pour（前置詞）　144
pourquoi（疑問副詞）　96
puis（接続詞）　82
puisque（接続詞）　162

Q

quand（疑問副詞）　96

quand（接続詞） 83
quant à ... 115
quart 42
que（関係代名詞） 160
que（疑問代名詞） 94
quel（疑問形容詞） 92
quelle（疑問形容詞） 92
quelles（疑問形容詞） 92
quels（疑問形容詞） 92
qu'est-ce que（疑問代名詞） 94
qu'est-ce qui（疑問代名詞） 94
qui（関係代名詞） 158
qui（疑問代名詞） 94
qui est-ce que（疑問代名詞） 94
qui est-ce qui（疑問代名詞） 94
quoi（疑問代名詞） 94

R
rester en contact avec ... 76
rompre avec ... 77

S
sa (son)（所有形容詞） 24
sans（前置詞） 144
se（再帰代名詞） 38
se faire ＋不定詞 112
se marier (avec ...) 77
selon 115
s'entendre bien avec ... 77
servir à ＋不定詞 166
ses（所有形容詞） 24
si（接続詞） 83, 162, 190
si（副詞） 88
si ..., c'est que ... 162
si ＋半過去 190

sois（命令形） 40
son（所有形容詞） 24
sortir avec ... 77
sous（前置詞） 144
soyez（être の命令形） 40
soyons（être の命令形） 40
sur（前置詞） 144

T
-t-（3人称単数倒置にはさまれる） 88
ta (ton)（所有形容詞） 24
te (t')（目的語人称代名詞） 122, 124
tes（所有形容詞） 24
toi（強勢形） 124
ton（所有形容詞） 24
trouver que 84
tu（主語） 16, 152

U
un（不定冠詞） 24, 34, 138
une（不定冠詞） 24, 34, 138

V
varier 114
venir（直説法現在） 22
venir ＋不定詞（近接過去） 22, 50
vos（所有形容詞） 24
votre（所有形容詞） 24
vous（強勢形） 124
vous（主語） 16, 152
vous（目的語人称代名詞） 122, 124

Y
y（中性代名詞） 128, 146

deux cent vingt et un 221

著者紹介

足立 和彦 (あだち かずひこ)
京都生まれ．パリ第4大学博士課程修了．
現在，名城大学准教授．

岩村 和泉 (いわむら いずみ)
大阪生まれ．モンプリエ大学修士課程修了，
大阪大学大学院博士後期課程単位修得退学．
現在，大阪大学非常勤講師．

林 千宏 (はやし ちひろ)
大阪生まれ．大阪大学大学院博士後期課程修了．
現在，大阪大学准教授．

深川 聡子 (ふかがわ あきこ)
福岡生まれ．リール第3大学 DEA，
大阪大学大学院博士後期課程単位修得退学．
大学教員を経て現在，公益財団法人フランス語教育振興協会勤務．

Chris Belouad (クリス・ベルアド)
フランス・マルセイユ生まれ．大阪大学大学院博士後期課程修了．
現在，関西学院大学准教授．

即効！フランス語作文
――― 自己紹介・メール・レシピ・観光ガイド

2015 年 9 月 1 日　初版発行
2019 年 7 月 1 日　2 版 2 刷発行

著者	足立 和彦
	岩村 和泉
	林 千宏
	深川 聡子
	Chris Belouad（クリス・ベルアド）
DTP	欧友社
印刷・製本	株式会社フォレスト
発行	株式会社 駿河台出版社
	〒 101-0062 東京都千代田区神田駿河台 3-7
	TEL 03-3291-1676 ／ FAX 03-3291-1675
	http://www.e-surugadai.com
発行人	井田 洋二

許可なしに転載，複製することを禁じます．落丁本，乱丁本はお取り替えいたします．
ISBN　978-4-411-00539-7　C1085

|JCOPY| ＜(社)出版者著作権管理機構 委託出版物＞

本書の無断複写は，著作権法上での例外を除き，禁じられています．複写される場合は，そのつど事前に，(社) 出版者著作権管理機構（電話 03-3513-6969，FAX 03-3513-6979，e-mail: info@jcopy.or.jp）の許諾を得てください．

音声収録内容

トラック番号	page	内容
1		タイトル
2	10	
3	16	être
4	17	*Exercices* I. a)
5	17	*Exercices* I. b)
6	18	avoir
7	19	*Exercices* II. a)
8	19	*Exercices* II. b)
9	20	travailler
10	20	étudier
11	21	*Exercices* III.
12	22	aller
13	22	venir
14	23	*Exercices* IV.
15	25	*Exercices* V.
16	27	*Exercices* VI.
17	28	*Thème*
18	30	*Pratique*
19	35	*Exercices* I.
20	37	*Exercices* II.
21	38	se lever
22	38	s'appeler
23	39	*Exercices* III.
24	40	être, avoir
25	40	choisir
26	41	*Exercices* IV.
27	43	*Exercices* V.
28	44	*Thème*
29	46	*Pratique*
30	51	*Exercices* I.
31	52	parler
32	53	*Exercices* II.
33	54	aller
34	55	*Exercices* III.
35	56	se lever
36	57	*Exercices* IV.
37	58	faire
38	58	venir
39	58	se coucher
40	59	*Exercices* V.
41	61	*Expressions et astuces*
42	62	*Thème*
43	64	*Pratique*
44	68	aimer
45	69	*Exercices* I.
46	70	faire
47	70	se promener
48	71	*Exercices* II. a)
49	71	*Exercices* II. b)
50	73	*Exercices* III.
51	74	préparer
52	75	*Exercices* IV.
53	78	*Thème*
54	80	*Pratique*
55	85	*Exercices*
56	89	*Exercices* I.
57	91	*Exercices* II.
58	93	*Exercices* III.
59	95	*Exercices* IV.
60	97	*Exercices* V.
61	98	*Expressions et astuces*
62	100	*Thème*
63	102	*Pratique*
64	107	*Exercices* I.
65	109	*Exercices* II.
66	111	*Exercices* III.
67	113	*Exercices* IV.
68	116	*Thème*
69	118	*Pratique*
70	123	*Exercices* I. a)
71	123	*Exercices* I. b)
72	125	*Exercices* II. a)
73	125	*Exercices* II. b)
74	127	*Exercices* III. a)
75	127	*Exercices* III. b)
76	129	*Exercices* IV.
77	132	*Thème*
78	134	*Pratique*
79	139	*Exercices* I.
80	141	*Exercices* II.
81	143	*Exercices* III.
82	145	*Exercices* IV.
83	148	*Thème*
84	150	*Pratique*
85	159	*Exercices* I. a)
86	159	*Exercices* I. b)
87	161	*Exercices* II. a)
88	161	*Exercices* II. b)
89	163	*Exercices* III.
90	165	*Exercices* IV. a)
91	165	*Exercices* IV. b)
92	167	*Expressions et astuces*
93	168	*Thème*
94	170	*Pratique*
95	174	lire
96	175	*Exercices* I.
97	177	*Exercices* II.
98	179	*Exercices* III.
99	181	*Exercices* IV.
100	183	*Expressions & astuces*
101	184	*Thème*
102	186	*Pratique*
103	190	aimer
104	191	*Exercices* I.
105	193	*Exercices* II.
106	195	*Exercices* III
107	197	*Exercices* IV.
108	200	*Thème*
109	202	*Pratique*
110	205	chanter
111	205	choisir
112	205	être
113	205	avoir
114	206	parler
115	206	aller
116	206	se lever
117	209	*Exercices*
118	210	*Pratique*